Tramas do Destino

Divaldo Pereira Franco
pelo Espírito Manoel Philomeno de Miranda

Tramas do Destino

FEB

Copyright © 1976 *by*
FEDERAÇÃO ESPÍRITA BRASILEIRA – FEB

12ª edição – Impressão pequenas tiragens – 8/2024

ISBN 978-85-69452-51-5

Todos os direitos reservados. Nenhuma parte desta publicação pode ser reproduzida, armazenada ou transmitida, total ou parcialmente, por quaisquer métodos ou processos, sem autorização do detentor do *copyright*.

FEDERAÇÃO ESPÍRITA BRASILEIRA – FEB
SGAN 603 – Conjunto F – Avenida L2 Norte
70830-106 – Brasília (DF) – Brasil
www.febeditora.com.br
editorial@febnet.org.br
+55 61 2101 6161

Pedidos de livros à FEB
Comercial
Tel.: (61) 2101 6161 – comercial@febnet.org.br

Adquirindo esta obra, você está colaborando com as ações de assistência e promoção social da FEB e com o Movimento Espírita na divulgação do Evangelho de Jesus à luz do Espiritismo.

Dados Internacionais de Catalogação na Publicação (CIP)
(Federação Espírita Brasileira – Biblioteca de Obras Raras)

M672t   Miranda, Manoel Philomeno de (Espírito)

        Tramas do destino / pelo Espírito Manoel Philomeno de Miranda; [psicografado por] Divaldo Pereira Franco. – 12.ed. – Impressão pequenas tiragens – Brasília: FEB, 2024.

        378 p.; 21 cm

        ISBN 978-85-69452-51-5

        1. Romance espírita. 2. Obras psicografadas. I. Franco, Divaldo Pereira, 1927–. II. Federação Espírita Brasileira. III. Título.

                                             CDD 133.93
                                             CDU 133.7
                                             CDE 80.02.00

Sumário

Tramas do destino 7
In limine 15

1 Infortúnio doméstico 21
2 Gilberto, Lisandra e Hermelinda 33
3 Presença da amargura 41
4 A dimensão do sofrimento 51
5 O pesadelo e Cândido 59
6 Martírio de esposa e mãe 67
7 Auto-obsessão 73
8 Esperanças rechaçadas 83
9 Expiação e prova 89
10 Luz em noite escura 99
11 A terapia da verdade 109
12 Novos e abençoados rumos 123
13 Recordações e entendimento 143

14 Compromissos novos   153
15 Os inimigos desencarnados   161
16 Epifânia: seu calvário e sua ascensão   175
17 Escolhos à mediunidade   187
18 Alegrias e dores superlativas   199
19 Felicidade, desdita e nós   211
20 O amor vence o ódio   225
21 O Centro Espírita Francisco Xavier   243
22 O passado revela o presente   255
23 Terapia desobsessiva   275
24 Drama, solução e bênção   289
25 Despedidas e fé viva   301
26 Esperanças e consolações   313
27 Caridade – discrição e devotamento ao bem   325
28 As alegrias e os testemunhos   335
29 Últimas provações   347
30 Novos rumos   359

Tramas do destino

Muito difícil, senão de todo improvável ao estudioso da problemática humana, compreender do ponto de vista da unicidade das existências as tramas do destino.

Examinada apenas uma vida, mesmo com o melhor apuro psicológico, não se dispõe de dados para explicar a Justiça divina, em se considerando a pluralidade dos sucessos felizes e desgraçados que gravitam em torno dos homens, e que os distingue na vasta gama policromada das suas conquistas e quedas.

De um só golpe, é inexequível tentar abarcar o campo de ação e as ocorrências num todo fixo e completo, no qual o homem seja uma peça impulsionada por um determinismo cego ou alguém cujo livre-arbítrio disponha de uma clarividência muito especial para tudo realizar numa só vida, acertando e sublimando-se, equivocando-se e reabilitando-se.

As conceituações da predestinação pela graça, das concessões pelo ingresso no paraíso e das punições infernais encontram-se ultrapassadas, mesmo no seio de algumas das religiões que as prescreviam.

Por outro lado, negando-se o Autor Divino da Criação, e a vida sendo relegada ao caos, isto não basta para explicar os porquês inteligentes que a todos assomam e dominam, diante das incontáveis aquisições do espírito humano, aturdido em face das inquestionáveis provas da sobrevivência do ser, da comunicabilidade do princípio intelectual depois do túmulo...

As modernas doutrinas da Parapsicologia, da Psicobiofísica e outras ciências experimentais equivalentes tentam colocar no lugar do Espírito, com que não se defrontam nos seus laboratórios, sucedâneos materialistas e energeticistas, sem o êxito que seria de se esperar, porquanto esses mesmos agentes se esboroam, quando colocados diante de novos fatos que espocam incessantes.

A temerária reação contra o Espírito, entidade inteligente que preexiste ao corpo e lhe sucede após a morte, vivendo com ou sem a aparelhagem somática, lentamente vai sendo vencida, embora a cautelosa posição assumida pelos pesquisadores científicos e estudiosos da atualidade.

Mantendo intransigente atitude contrária à Religião, de que a Ciência foi vítima milernamente, transitam os modernos parapsicólogos e psicobiofísicos, com algumas exceções, adotando intolerantes posições de anátema contra a fé, numa reação injustificável.

Asseveram que ainda não têm provas concludentes, definitivas, da sobrevivência do Espírito ao túmulo, nem documentação alguma que consiga provar a existência da alma.

Toda vez que um fato novo faz soçobrar a teoria negativista anterior, apressam-se por elaborar outra que atenda com relativa eficiência ao propósito a que se aferram, na mesma inquietação e insegurança que caracterizavam os metapsiquistas de ontem e os psiquistas do passado.

A imortalidade, no entanto, triunfa sobre os seus negadores.

Os homens interexistentes, os homens psi multiplicam-se e os fenômenos de que são objeto impõem urgente reconsideração nas ideias e opiniões preconceituosas.

As enfermidades da mente sucedem-se, avassaladoras, na razão direta em que os métodos psiquiátricos, psicanalíticos e psicológicos se aprimoram, incapazes de deter a grande avalancha dos distônicos, dos esquizoides, dos neuróticos, dos psicóticos...

Saturado do tecnicismo, o homem cético arroja-se na busca das emoções fortes e ressuscita cultos demoníacos, missas negras, *sabats*, ansioso pelo sobrenatural, pelo fantástico...

As orgias de sangue, sexo e droga fazem-no recuar às origens do primitivismo, revelando a falência das conquistas extrínsecas e o malogro da ética dissociada das aspirações legítimas, tornadas passadistas...

Fantasmas reais e imaginários prenunciam hecatombes gerais, desde que as parciais se sucedem por toda parte.

As soluções superficiais e apressadas não resolvem as questões complexas de profundidade, atenuando na superfície os efeitos, sem remover nas causas as legítimas raízes em que se fixam os males contínuos.

O homem hodierno se encontra aturdido.

Adicionando-se a essas inquietantes injunções, surgem as parasitoses espirituais, que os acadêmicos insistem em ignorar, teimando desconsiderá-las.

Não obstante, nas células espíritas onde vibram as harmonias do Consolador Prometido por Jesus, reaparece a terapêutica do Evangelho, por meio de técnicas especiais com que se libertam perseguidos e perseguidores, facultando-se-lhes a saúde íntima, a paz...

Nas suas nobres tarefas de desobsessão, defrontam-se os dois mundos em litígio: o espiritual e o físico, de cujos painéis se pode apreender, nas causas reais, a lógica dos efeitos que engendram e produzem as tramas dos destinos.

Mediante o conhecimento da reencarnação, da pluralidade das existências planetárias, pode-se formar o quadro esclarecedor, para se entenderem as ocorrências que escapam, aparentemente misteriosas, muitas vezes inexplicáveis...

O homem não experimenta uma só vida terrestre.

A Terra é seu berço e sua escola, onde evolui demandando mais altas aquisições espirituais.

Suas experiências exitosas ou mal sucedidas produzem a engrenagem em que se movimentará no futuro.

A cada ação corresponde uma reação equivalente.

Não sendo a morte mais do que uma transferência de posição vibratória, a vida mantém sua interação e harmonia nas diversas situações no corpo físico e fora dele, sem qualquer solução de continuidade ou defasagem perturbante.

*

Muitos dos problemas graves, no contingente da saúde física e mental que a Medicina depara a cada momento, têm suas raízes no pretérito espiritual do paciente.

Seus erros e suas aquisições fazem-se os agentes da sua paz ou da sua perturbação.

Reencarnando cada qual com a soma das próprias experiências, diferentes são as situações pessoais, conforme se observa no mundo.

Vinculados aos desafetos de que se desejaram livrar, mas de que não se liberaram, padecem-lhes as injunções e influências maléficas.

Auto-obsessões, obsessões, subjugações, são capítulos que merecem da Patologia Médica estudo simultâneo, à base dos postulados do Espiritismo.

A reencarnação é a chave para a explicação dos seus enigmas.

Ao lado das terapêuticas valiosas, ora aplicadas nos obsessos de vário porte, impõem-se os recursos valiosos e salutares da fluidoterapia e das expressivas contribuições doutrinárias da Terceira Revelação, que traz de volta os insuperáveis métodos evangélicos de que se fez expoente máximo Jesus, o divino Médico de todos nós.

O amor e a prece, o perdão e a caridade, a tolerância e a confiança, a fé e a esperança, não são apenas virtudes vinculadas às religiões passadas, porém, insubstituíveis valores de higiene mental, de psicoterapia, de laborterapia, que se faz de urgência para neutralizar as ondas crescentes do ódio e da revolta, da vingança e da mágoa, da intolerância e da suspeita, da descrença e da desesperança, que irrompem e se instalam no homem, tudo avassalando intempestivamente.

A Doutrina Espírita dispõe de valiosos tesouros para a aquisição da felicidade na Terra e depois da desencarnação.

Conhecê-la e praticar-lhe os ensinos representa uma ensancha ditosa para aqueles que aspiram a melhores dias, anelam por paz e laboram pelo bem.

Convidamos os obsidiados e atormentados em si mesmos, ou perseguidos por Espíritos infelizes, à leitura e meditação da presente obra, que nada acrescenta ao que já se escreveu sobre o assunto. Apenas recorda lições esquecidas, insiste em alguns pontos que consideramos importantes, e comenta os conceitos insuperáveis que constam da Codificação Kardequiana, verdadeiro monobloco de ciência, filosofia e religião perfeitamente integradas.

Os fatos aconteceram realmente, recebendo de nossa parte um tratamento especial por motivos óbvios.

Não temos veleidades ou pretensões literárias.

Animam-nos os propósitos de contribuir, de certa forma, para o deslinde das tramas do destino, cujo capítulo vem merecendo de nós cuidadosos estudos desde quando deambulávamos pela forma física, em nossa última reencarnação...

Considerando o trabalho terminado, alegramo-nos pela tentativa de servir, que se transformou em realidade de serviço.

Bom ou mau, cada leitor concluirá por si mesmo.

Suplicando ao *Senhor dos Espíritos* que nos guarde, sou o servidor dedicado,

MANOEL PHILOMENO DE MIRANDA
Salvador (BA), 8 de agosto de 1975.

In limine

    Mergulham, diariamente, na roupagem carnal, com objetivos relevantes, Espíritos felizes que se olvidam dos gozos que podem fruir, objetivando, por meio do amor, alçar às regiões da ventura antigos companheiros que, por teimosia, equívoco ou rebeldia contumaz, naufragaram nas experiências da evolução, detendo-se em lamentáveis estados de perturbação.

    Enxameiam por toda parte províncias de sombra e agonia, cujas paisagens ermas e doentias mais envenenam os que ali se detêm, graças à exteriorização miasmática dos seus pensamentos em desalinho e das suas personalidades enfermas...

    Aglutinados em magotes compactos ou formando comunidades inditosas, constituem esses locais verdadeiras *cidades de dor*, onde expungem, esses desventurados seres, os gravames que os ferreteiam, sicários uns dos outros, conforme as habilidades e as permissividades que cultivaram pela astúcia ou pela perversidade, enquanto transitaram pelo domicílio corporal...

Hebetados uns e enfurecidos outros, constituem estranha e inditosa mole que se movimenta sem direção, padecendo indescritíveis horrores ou produzindo deploráveis dores em si mesmos como no próximo, a quem se vinculam ou imantam consoante afinidades existentes que os fixam, reciprocamente, em vigorosas sintonias obsidentes.

O conceito teológico sobre o *Inferno*, extraindo-se dele o caráter de *eternidade* que não possui, empalidece, tendo-se em vista esses múltiplos *submundos* que se multiplicam terrificantes, quer na Terra, em locais específicos, quer em torno do orbe, experimentando as mesmas conjunturas da gravitação a que se prende o planeta...

Nessas lôbregas *sociedades espirituais* raramente vigem a piedade e a esperança, graças aos inconcebíveis conciliábulos da desdita que subjuga os ali recolhidos, cujos chefes draconianos se arrogam direitos de *justiçar*, perseguindo não apenas os que lhes facultam o assédio após a desencarnação, como os homens que lhes experimentam a influência por natural processo de vinculação moral e psíquica, em torpe comércio obsessivo de grave porte.

Sucede que a vida humana, assinalada pelo desequilíbrio na superfície do mundo, reflete só palidamente as realidades que promanam das esferas espirituais inferiores, por serem nestas que surgem os fatores reais, modeladores daqueles insucessos... Dessa forma, em tais labirintos de pesadelos e horror, programam-se incontáveis desgraças, individuais ou coletivas, que estrugem violentas entre os deambulantes das formas físicas...

Nada obstante, o vigilante amor de Nosso Pai compadecido procede periodicamente a expurgos lenificadores, emigrações em grupo, encaminhando legiões desses desditosos, coletivamente, à experiência reencarnacionista, com vistas à melhoria deles e à diminuição da psicosfera que os envenena e degenera, perturbando, de certo modo, a economia moral da Terra...

Frequentemente, em nome desse amor, caravanas de abnegados enfermeiros espirituais e missionários da caridade condensam suas energias sutis e vão até esses dédalos de alucinação e crime, usando a misericórdia e a solidariedade com que sensibilizam os mais feridos e agoniados, ajudando-os a se renovarem interiormente, propiciando-lhes a modificação vibratória com que se deslocam mentalmente dos martírios que os supliciam e, sob a cariciosa vitalização da prece como da afetividade em redespertamento, permitem-se recolhê-los e encaminhá-los a ninhos de repouso e campos de refazimento, onde se armam de forças para os cometimentos futuros...

Abençoados por verdadeiros *indultos* divinos que lhes facultam o pagamento das pesadas dívidas em clima menos denso de angústia, nos círculos do sofrimento corporal e moral, são recambiados, logo possível, à carne, esse bendito escafandro, para a atmosfera terrestre, nossa escola de redenção.

Ante o claro lucilar das estrelas em cada noite, sob o pálio da prece luarizante, tais mensageiros da bondade e da renúncia descem às furnas ou deambulam nos rumos dos hospitais-purgatórios coletivos, a recolherem os arrependidos e os sensibilizados que foram atingidos pela magnanimidade do Cordeiro celeste e de sua augusta Mãe, a excelsa Mãe de toda a humanidade, sublime intercessora de todos nós.

Guardando, porém, com a retaguarda donde procedem, os vínculos de dor e aspirando as forças psíquicas com que se sustentaram longamente, trazem para os círculos carnais os sinais dos erros, os estigmas de que necessitam liberar-se, bem como as fixações da demência em que se escondem dos sicários ou as matrizes para oportunas realizações, em consórcio obsessivo com que se erguerão da desgraça e poderão alçar à felicidade os antigos asseclas, que lhes foram vítimas, ora travestidos em algozes impenitentes...

Na tecelagem dos destinos humanos, os fios que atam as malhas das redes dos compromissos procedem sempre das vidas transatas. Nenhum acaso existe regendo ocorrências, nenhuma força fortuita aparece acolhendo a esmo.

Os atos geram efeitos que rumam na direção de opções ao alcance das circunstâncias para a eclosão das Leis divinas, dentro do equilíbrio *cármico*, por meio das *causas e efeitos*.

Em toda obsessão, simples ou subjugadora, como quer que se apresente, a trama dos destinos se situa no passado espiritual dos litigantes[1] em forma de fatores causais.

Forrar-se de amor e conhecimento, a fim de ajudar com proficiência, tal deve ser a atitude de quem se candidata a esse ministério de terapia providencial.

*

Esta história apresenta uma trama *sui generis*, como o leitor constatará.

Nela, a elevação de Artêmis, a mão abnegada que permuta uma estância feliz para ajudar antigos afetos ilhados no desespero, é lição de que não somente os débitos impelem à reencarnação, mas, também, o amor intercessor que se faz luz nas trevas em que se debatem os adversos...

Renunciando por longos anos à felicidade, a sua dita são os difíceis sorrisos daqueles aos quais doou toda uma longa existência.

Obsessões perniciosas, enfermidades lancinantes, dores morais superlativas não a abateram, fazendo que

---

[1] Nota do autor espiritual: As técnicas para lidar-se com obsessões estão estudadas nos livros *Nos bastidores da obsessão* e *Grilhões partidos*, respectivamente, editados pela FEB e pela Editora Alvorada.

mais se lhe desatassem as fibras do amor superior que engastava no espírito de escol, a fim de ajudar na redenção difícil e vitoriosa do clã a que se entregou pelo himeneu santificado e pela maternidade sacrificada.

A vitória do amor é semelhante à vida: incontestável!

Não havendo morte, o triunfo do amor equivale à gloria da verdade em que se apoia como manifestação da divina Paternidade.

Manoel Philomeno de Miranda

1 Infortúnio doméstico

À medida que se passavam os anos, mais profunda se lhe fazia a dor. Não obstante, mantinha os lábios cerrados a qualquer queixa ou reclamação, suportando o fardo dos sofrimentos com um estoicismo somente possível aos espíritos armados de abnegação e de humildade.

O rosto denotava a funda aflição, já assinalado pelo vinco de desespero que o tempo transformara em resignação, essa resignação heroica, mediante a qual os que confiam integralmente em Deus se submetem aos desígnios superiores, mesmo desprovidos dos recursos para o racional entendimento das tormentosas ocorrências.

D. Artêmis de Alencar Ferguson aprendera desde cedo que a tudo a Divindade provê, jamais sobrecarregando as criaturas com compadecimentos acima das suas forças.

Nascida numa fazenda próspera de pequena cidade do interior, na Bahia, recebera dos pais, especialmente da genitora, a Sra. Adelaide — nobre entidade que lhe forjara o caráter na fé cristã austera, reencarnada para relevante tarefa de humildade ao lado de ampla mole de pessoas simples, vinculadas à propriedade que a ela e ao esposo pertencia —, as necessárias forças para a resistência contra o mal, de que dava excelentes mostras em todos os momentos da sua admirável existência.

Ao lado da mãezinha, adquirira os conhecimentos iniciais da alfabetização, logrando desenvolver as faculdades intelectuais, conforme a época, cultivando as letras e conseguindo realizar uma bem fundamentada conquista nos bons livros, o que lhe constituiria amparo moral para os cometimentos futuros.

De hábitos singelos, graças à vida recatada pela morigeração interiorana, vinculou os sentimentos ao bucolismo policrômico e romântico da natureza.

Bem dotada de corpo, de mente e de alma, não se sentia abrasar pelos desequilíbrios da emotividade em desdobramento na quadra juvenil.

De temperamento calmo e voz doce, cativava, com a presença simpática e a ternura natural, os servidores domésticos e os trabalhadores da casa que lhe disputavam a amizade fraternal.

O matrimônio, ao completar 18 anos, fora concertado pela família, sem qualquer reação negativa ou rebeldia sistemática.

Conhecera o futuro consorte, Rafael Duarte Ferguson, mancebo simpático de 20 anos, à época, numa das recepções domésticas, nas quais, conforme os costumes de então, as famílias mais se aproximavam e as moças casadouras se tornavam conhecidas.

Rafael procedia de um clã respeitável e era um moço bem dotado. Preferira a movimentação da capital desde quando fora para ali, a fim de cursar o liceu. Ambicioso, com essa natural tendência de adquirir a independência econômica, mas reconhecendo-se sem pendores para atividades culturais ou conquista de uma carreira acadêmica — real ambição paterna — resolvera, dois anos antes do matrimônio, em período de férias, usar de franqueza com o genitor, revelando sua vocação para a carreira comercial.

O velho Ferguson, apesar de acalentar mais amplas perspectivas para o filho, aquiesceu, sem maiores delongas, aos anseios do jovem, concedendo-lhe o aval e o necessário apoio inicial à execução dos seus desejos.

Tornou-se viajante comercial, graças ao espírito aventureiro de que dava mostras, a par de um caráter forte e relativamente inflexível. Embora gentil e palrador, sabendo com facilidade reunir amigos, não poucas vezes irrompiam-lhe as lembranças inconscientes do passado, quando as injunções se lhe tornavam penosas, denotando temperamento vigoroso e até mesmo implacável. Nessas ocasiões falava pouco;

sem embargo, fazia-se rancoroso, com visível dificuldade para perdoar as ofensas reais ou imaginárias...

Possuía, portanto, os caracteres do "bom partido".

Conhecera Artêmis anos antes, sem experimentar qualquer sensibilidade. Naquela outra ocasião, porém, o reencontro produziu-lhe funda impressão, tornando-o apaixonado.

O namoro rápido, com aquiescência familiar, converteu-se em matrimônio feliz um ano após, sustentado pela correspondência epistolar afetuosa e ardente, reforçada por apenas três ou quatro reencontros de permeio, enquanto se programavam os esponsalícios.

O enxoval da jovem foi quase todo executado por ela mesma, por sua mãe e bordadeiras locais, que não economizavam encômios à festa e à noiva, antecipando as alegrias da boda.

No suceder dos júbilos, porém, a jovem Artêmis sentia-se assaltar com frequência por tormentosos presságios. Experimentava impressões angustiantes, sensações indescritíveis que lhe camartelavam o espírito sensível. Mais de uma vez fora acometida de súbitos e estranhos estados de transitória alucinação que, felizmente, não deixavam sinais que pudessem preocupar a família, ainda sem condição de entender semelhante ocorrência.

Assim mesmo, passou a sofrer de perturbadora neurose íntima a lhe prenunciar sofrimentos, cuja causa não lhe era lícito pressupor sequer, mas que superava através da crença em Deus e da oração.

Rafael a amava, no que era correspondido. Compreendiam-se e respeitavam-se. Não puderam fruir as permissividades hoje em voga, com que se desejam maior e melhor relacionamento entre os futuros cônjuges, de cuja intimidade irresponsável surgem vitoriosos a licenciosidade, o desrespeito moral e familiar.

Sem embargo, sentiam-se estranhamente identificados, como se fossem conhecidos que se reencontravam, estabelecendo liames que, embora interrompidos, não cessavam de sustentar-se, apesar da distância no espaço e no tempo...

E conheciam-se, sem dúvida, porquanto esta não seria a sua primeira experiência afetiva, na programática redentora a que se propunham espiritualmente.

Transcorridos os primeiros meses do consórcio matrimonial, Rafael passou a exteriorizar os tormentos íntimos que o dominavam, transformando-se, a pouco e pouco, em vigoroso verdugo da esposa submissa que lhe experimentava as injunções, entre frustrações afetivas e profundos martírios morais.

Renascente de rudes responsabilidades em que fracassara no pretérito próximo, desbordaram-se-lhe as lembranças impressas nos painéis da inconsciência, tornando-o rancoroso sem qualquer motivo e desconfiado, a ponto de sucumbir em crises de violência e mudez selvagem a que se entregava, ante a reação passiva da esposa aturdida e inditosa.

Cessados os conflitos, que se amiudavam, parecia recobrar a lucidez, retornando à gentileza e à ternura com que buscava reabilitação, para logo recair nos mesmos dédalos de crueldade e insânia.

Obsidiado em si mesmo, avassalado pelas reminiscências odientas do passado e açulado pelo ódio dos antigos cômpares de orgias como de agressividade, padecia a funesta subjugação transitória, cíclica em que se arruinava emocionalmente, avançando com celeridade para um colapso nervoso.

Permitindo-se reflexões periódicas, não encontrava os móveis do desequilíbrio, em considerando os triunfos na carreira comercial, sempre que se distanciava da esposa sensível e do lar por ela enobrecido.

Profundamente decepcionada pelo matrimônio inditoso, D. Artêmis refugiava-se nos deveres domésticos, na oração a que se arrimava, em decorrência da crença esposada. A doce Mãe de Jesus era-lhe a sublime confidente, simbolizando para o seu coração humilde o verdadeiro exemplo da alma trespassada pela adversidade, enquanto se entregava ao Pai, nos superlativos lances de agonia da provação a que se encontrava submetida...

Nos refúgios da prece lenificadora, adquiria paz e força, conseguindo, por meio do milagre da inspiração, a claridade mental para prosseguir no dever, como aguardando o transcurso do tempo que lhe reservaria experiências importantes e graves, de cujo teor não lhe era lícito suspeitar...

Nesse comenos, recordava os dias ditosos na casa paterna, que sentia distantes, apesar do pouco tempo decorrido, desde que se afastara da fazenda em que fora feliz, transferindo-se para a capital, onde, agora, sofria sem o consolo de um amigo ou de um parente devotado. Pela sua constituição interior, não se queixava, suportando o fardo dos dissabores sob chuvas de doestos, entre as crises de ira e arrependimento a que se entregava o esposo infeliz.

Um ano após o matrimônio, desencarnou a genitora, cujo golpe lhe produziu infinita mágoa moral, de que não mais se refaria.

A notícia chegou-lhe por meio do laconismo telegráfico, sem que ela pudesse ter fruído o consolo de rever o ser amado pela última vez, em face da distância que a separava do antigo lar e porque o consorte se encontrava ausente, no ritmo habitual das viagens de negócios...

O invisível punhal da angústia cravou-se-lhe na alma fazendo-a debulhar-se em lágrimas candentes e inestancáveis.

Orando, numa noite em que supunha não suportar tantas dores e tão cruel soledade, adormeceu...

Repentinamente, viu-se diante da genitora, em radiosa manhã, num parque em flor, em estância feliz, desconhecida.

— Jesus, minha filha — falou-lhe o coração materno, angelical —, reuniu-nos, a fim de que eu te pudesse consolar, de modo a saíres do vale da saudade e animar-te a galgares o monte das provações a que te propuseste.

"Não morri. Não morreremos.

"Refaço-me, depois da travessia pelo corpo denso para a vida espiritual, mas podemos prosseguir juntas.

"Não te entregues à demasiada aflição. O desespero, mesmo na dor justa, é medida de rebeldia ante os impositivos da evolução que promanam do Senhor. Asserena-te e confia".

A filha, agoniada, reclinou a cabeça no regaço materno e desatou a chorar.

— Não suporto a decepção no lar e, agora, a sua ausência, mãezinha.

— Sim, filha, eu o sei.

Tomou-lhe a palavra a respeitável recém-desencarnada, induzindo-a a desistir da lamentação e da queixa desnecessárias, que geram azedume e avinagram os sentimentos.

— Embora os poucos dias em que me separei das sombras físicas — prosseguiu, suave —, estou informada de todas as tuas agruras... No entanto, desces, sem que o percebas, ao poço de inditoso suicídio indireto, por negar-te o direito da vida, em face das dores que te enjaulam no sofrimento forte.

"Serás mãe em breve, e é indispensável que te prepares para o sacerdócio sublime de cocriadora com Nosso Pai, a fim de ensejares a regularização de severos compromissos com outros Espíritos aos quais te vinculas".

Ante o enunciado sobre a maternidade, D. Artêmis experimentou estranha alegria, de momento, recuperando-se das aflições e provanças rudes.

— Não te permitas, porém, sonhar desnecessariamente — aduziu a genitora. — A vida, que a todos nos reserva felicidade futura, estrutura-se em contínuos testes de humildade e paciência.

"Constrói-se a harmonia íntima, de renúncia em renúncia, passo a passo. O amor dos teus filhinhos será a luz das tuas horas, na lâmpada dos teus sacrifícios.

"Rafael está enfermo da alma, porém te ama como pode. Ajuda-o com o teu puro e inocente amor. Fá-lo, através do tempo, adquirir a paz e contribui para a sua edificação pessoal, porquanto ele muito sofre nos desvãos das agonias infinitas em que se debate, obsesso. Não lhe queiras mal, haja o que houver. Compreenderás o porquê, posteriormente".

A entidade silenciou ante a brilhante manhã que as inundava de beleza. Logo depois, prosseguiu:

— Sacrifício doméstico é cruz libertadora. Os homens, sedentos de gozos e iludidos em si mesmos, simplificam soluções, separando-se do cônjuge-problema e adiando compromissos-resgates... Transferem realizações, tecem complicadas malhas de fugas em que se enredam. Enquanto houver força, deve alguém porfiar no matrimônio sem esperar reciprocidade.

"O perdão é decorrência do amor, do amor que não vacila, que sabe esperar, dignificar-se... Todos nos ligamos uns aos outros por deveres e situações que nos aproximam ou nos afastam, sem que essa aproximação ou esse afastamento signifiquem impedimento a que os acontecimentos se concretizem, de acordo com os liames de entrosamento sempre vigentes.

"Vínculos familiares são opções evolutivas e experiências em que transitamos em forma de parentela carnal, para atingir a pureza na fraternidade espiritual que nos espera.

"Por isso, cônjuges difíceis, ingratos, adúlteros, agressivos, obsessos, ao invés do abandono rápido, puro e simples que mereceriam sofrer, devem-nos inspirar, enfermos que são, misericórdia, tratamento e ajuda...

"Rafael encontra-se incurso na posição de doente confiado à tua vigilância e afetividade, a fim de que disponha de forças para resgatar e evoluir. Portanto, não desfaleças nos testemunhos, nem o queiras menos..."

A genitora desencarnada estimulou-a, ainda por algum tempo, utilizando conceitos otimistas com os quais apontava os rumos sublimes do futuro.

Quando D. Artêmis despertou, apresentava os sinais balsâmicos da esperança, qual se a escumilha da sua noite moral agora estivesse iluminada por lâmpadas mágicas e novas, clareando-a por dentro...

2 Gilberto, Lisandra e Hermelinda

O renascimento de Gilberto trouxe ao genitor desconcertantes emoções. Ao mesmo tempo em que sentia entranhado orgulho pela chegada do primogênito, diante dele, sofria surda animosidade que lhe amargurava o íntimo. Parecia conhecê-lo e permitia-se nutrir forte antipatia que lhe assomava à mente, ante o delicado corpo do filhinho, ensejando-lhe, numa que noutra oportunidade, ganas de trucidá-lo.

Acreditava, nessas ocasiões, estar possuído por um furor de natureza demoníaca, que o avassalava. Ignorando as raízes anteriores da vida, nas quais se sustenta a realidade física, pressupunha-se endemoninhado, em considerando o que se passava no turbilhonado mundo interior.

Desde as primeiras manifestações da companheira em gestação, o Sr. Rafael passou da animosidade antiga a mórbido ciúme e asco, menosprezando-lhe a dignidade e os sentimentos nobres que lhe realçavam o ser superior.

A consorte, sustentada pela divina vigilância, graças aos títulos de elevação de que se encontrava investida, compreendia, sofrida, a alucinação que tomava curso no esposo, embora instando a que ele recorresse à ajuda médica ou ao socorro espiritual, por meio da assistência do confessor, ao qual deveria confiar os problemas íntimos.

Rebelde, apesar de externamente filiado a uma denominação religiosa, não se permitira penetrar pelo conto sublime da mensagem do Cristo, que se encontra em todas as escolas de fé, na Terra, embora as diversas expressões de que se utilizam ...

Desarmado espiritual e emocionalmente para as arremetidas do pensamento desalinhado em si mesmo, e em face da pertinaz investida dos inimigos desencarnados, tornara-se fácil presa das distonias que se agravavam em doloroso processo de desequilíbrio obsessivo.

Sobrepôs, porém, à antipatia que lhe inspirava o filho, a vaidade masculina, dando largas à prosápia de legar à posteridade uma prole que lhe sustentasse o nome Ferguson.

Apesar do sentimento infeliz, os benfeitores espirituais emulavam-no, sugerindo-lhe estreitar o recém--chegado nos braços fortes e protetores, estabelecendo vínculos de afeição que o tempo se encarregaria de condensar e preservar, em clima de elevação.

Os dias, porém, sucediam-se no lar, sombreados pela instabilidade emocional do chefe da família, cujo retorno, em cada viagem, se convertia em dolorosos instantes de agressividade verbal e moral com que mais afligia a esposa em demorado padecer.

D. Artêmis, em estreito conúbio de oração com o Senhor, granjeava títulos valiosos para sustentar-se na luta desigual com o companheiro atribulado.

Graças a esse concurso que fluía do Alto, foi surpreendida no segundo mês de nascimento do filhinho com a chegada de Hermelinda, cunhada e amiga, convidada pelo irmão a auxiliá-la nas injunções novas da maternidade, que lhe acrescia deveres domésticos pesados.

Hermelinda provinha de Círculo Espiritual representativo e participava, desde vidas pregressas, do agrupamento a que agora se religava, havendo mergulhado no corpo em tarefa de renúncia e sublimação, com que se candidatava a galgar mais altos degraus de elevação, junto àqueles aos quais viera ajudar, nas atuais circunstâncias ásperas.

Espírito nobre, anelava construir o próprio lar, pressentindo, porém, sem que o soubesse explicar, que não fruiria a ventura de ser mãe da própria carne. Intuitivamente, sem embargo, esperava desatar o amor que lhe intumescia o ser na maternidade sublime, aquela que se desdobra em favor da carne alheia. Tornou-se, portanto, facilmente, verdadeiro êmulo da cunhada junto ao sobrinho, contribuindo para a recuperação da saúde materna, que se encontrava com o organismo debilitado e frágil, passando Artêmis a bendizer a fortuna de tal concessão divina.

A sua presença, de certo modo, constituiu, por algum tempo, impedimento à explosão de irascibilidade do irmão, logrando mudar sensivelmente a paisagem doméstica.

Dois anos após a primeira progenitura, D. Artêmis volveu à maternidade, recebendo Lisandra, que, ao inverso de Gilberto, produziu no pai profundos sentimentos de amor.

A filhinha inundou-o de júbilos, conseguindo uma quase transformação no comportamento que lhe era habitual.

Por um processo de transferência do inconsciente, experimentou forte atração pela filhinha, que se lhe vinculava por entranhadas conjunturas, razão por que se impôs esforço e devotamento para com a família, que se encontrava, então, na trilha imposta pela Lei para os futuros resgates. Simultaneamente, debatia-se em cruéis dúvidas, como se sentisse magoado e traído por aquele ser dependente.

Gilberto possuía o temperamento paterno introvertido, soturno, atormentado, raramente jovial, sempre disposto a mutismos demorados, com que amargava a própria rebeldia ignota que o tornava revel.

Lisandra, portadora de radiosa beleza infantil, refletia os traços joviais da mãe, bem como sua alegria no passado, quando longe dos tormentos ora sofridos.

Meiga e afável, era o encanto do lar. Não obstante conquistasse todos com facilidade, caía, vez que outra, em crises de *ausências*, que a distanciavam da realidade objetiva.

Nesses momentos, olhar parado, fixo em cenas distantes, pálida, com sudorese abundante e fria, vertia lágrimas longas, inexplicáveis.

Felizmente, tais ocorrências, de breve duração, não lhe produziam danos verificáveis, já que, passada a fase, logo se recuperava, embora algo debilitada. Após o sono que a prostrava, recuperava o brilho e a buliçosidade habituais.

Preocupados, os genitores recorreram a devotado esculápio, que lhe receitou calmantes, alimentação cuidadosa, sono reparador, conforme a terapia de então, ante a suspeição de problemas defluentes de disritmias cerebrais, com incidência primária de epilepsia.

Sem embargo, Lisandra era dominada, em tais ocasiões, pela presença de clichês mentais gravados no inconsciente atual e ali arquivados pelos atos incorretos que os insculpiram na existência anterior, que ora deveria rever para superá-los, mediante resgate sacrificial.

No corpo pequenino e gentil, risonho e róseo, se ergastulava um espírito endividado, a quem a soberana Legislação facultava sublimação, porquanto é da Lei divina que todos podem semear o bem como o mal a bel-prazer, onde, como e quando o desejem, porém, serão impelidos a colher onde e como semearam, pela compulsória da reabilitação impostergável.

Hermelinda, adestrada pelos sentimentos da fidelidade fraternal ao serviço do bem, transformou-se no anjo tutelar da família, ajudando, por todos os modos possíveis, até o sacrifício, os seres que se tornaram a razão de ser da sua vida, compelindo-a ao esquecimento de si mesma.

Enquanto isso ocorria, D. Artêmis, que fora vítima outra vez de grave problema de saúde, recuperava-se sob a vigília e constância da cunhada, a fim de abastecer-se de forças morais para os testemunhos que logo mais lhe chegariam às províncias do espírito generoso.

Apesar da severidade dos códigos da justiça superior da vida, o amor do Pai sempre enriquece os faltosos com os dons essenciais, de modo que os possam aplicar nos celeiros de luz para a pomicultura da felicidade futura.

Nos interstícios dos padecimentos, os favores celestes transformam a justiça em misericórdia com que os endividados têm diminuídas as penas, graças aos meios que lhes chegam, objetivando suas reabilitações.

Acima de todos os débitos, porém, vigem os tesouros da excelsa Providência; quais flores que desabrocham inesperadas e perfumosas na coroa de espinhos, imposta à alma pelos resgates inadiáveis, diminuindo as dores produzidas pelos espículos ferreteantes da maceração libertadora...

3 Presença da amargura

A família Ferguson ajustava-se aos programas afetivos, em prol da própria redenção.

Lisandra podia ser comparada a um anjo bom em relação ao genitor, que não conseguia dissimular a preferência pela filha, embora o garoto não lhe causasse qualquer repulsa consciente.

A ela associado afetivamente por sucessos complexos do passado, tentava identificá-la nos secretos escaninhos da memória, sem que lograsse êxito. Não obstante, a pequena, que demonstrava sentimentos antagônicos em relação ao pai, em algumas ocasiões se fazia afável e carinhosa, enquanto vezes outras demonstrava temê-lo. Durante as *ausências* que se amiudavam, apesar dos cuidados médicos e desvelos familiares, diminuíam, com a sucessão do tempo, as resistências da menina, que atravessou toda a infância padecendo as estranhas constrições da enfermidade insanável. Era acometida de pesadelos apavorantes, de que despertava com expressões típicas do autismo, alheada, só volvendo à lucidez após ingentes esforços dos genitores aflitos...

Em decorrência, o seu caráter passou a experimentar sensíveis modificações, tornando-se triste, quando não facilmente irritável, denotando agravamento paulatino do mal que lhe minava a organização física e mental. O pai, nas longas viagens de negócios a que se via forçado pelos impositivos da sobrevivência, curtia difíceis angústias que lhe afetavam o temperamento, susceptível à irritação constante, a par da agressividade contínua. Temia pela notícia de uma desgraça no lar, particularmente em relação à jovem.

Mesmo não sendo um homem culto, possuía regulares conhecimentos sobre a vida, mediante o autodidatismo da luta cotidiana. Não conhecia sequer os rudimentos da Psicanálise, entretanto, estava informado, mal informado, aliás, das questões pertinentes à libido, em que se sustentam os pilotis das célebres investigações do mestre vienense.

Nas rodas boêmias dos viajantes, apesar de impor-se fidelidade conjugal, sempre ouvia referências sobre o assunto e esclarecera-se em torno dos comentados complexos de Édipo e de Electra, atormentando-se, por algum tempo, ante a ideia infeliz, derivada dos diálogos incompletos, de que sua preferência pela filha seria de natureza incestuosa. Sabia, porém, que não o era e reagia, porquanto, mesmo portador de algumas debilidades, se fixava em estritas linhas de conduta moral e honradez sexual.

Faltava-lhe a interação do conhecimento das existências múltiplas do Espírito, a fim de analisar com segurança a questão palpitante, conforme também ocorrera com os eminentes Freud, Adler e Jung, que, no labirinto das complexidades do homem, da sua personalidade, das suas alienações, somente identificando o corpo e nada mais além dele, concederam ao sexo a ditadura absoluta sobre o comportamento humano, ou à agressividade decorrente das heranças ancestrais, ou aos *arquétipos* que, no campo das ideias e moldes anteriores, levariam às induções do psicossoma, plasmando, pelos atos do Espírito, em cada existência, os corpos com os caracteres físicos e psicológicos necessários à própria evolução.

Não era, portanto, a atração de ordem física que imanava Rafael a Lisandra, antes a incoercível força procedente do passado espiritual de ambos, ao impositivo das Leis divinas que organizam os destinos humanos, através dos mapeamentos ressarcidores que promovem o equilíbrio da economia espiritual, na programática da evolução. Embora sob a carga das tensões derivadas da preocupação com a saúde da filha, fez-se mais sociável e gentil com a esposa a instâncias, também, de Hermelinda, por quem nutria imenso respeito, profunda gratidão, em decorrência do seu espírito de sacrifício junto à família.

Gilberto, enjaulado em si mesmo, sentia-se como carga sobre o pai, apesar dos desvelos maternos. Sisudo, possuía o seu mundo à parte. Não detestava a irmã, nem a amava. Apiedava-se dela quando a via cair nos demorados vágados ou durante as crises noturnas dolorosas, incessantes. O tempo ajudou-o a acostumar-se com a situação, fazendo-o quase indiferente ao drama doméstico.

Não faltavam pessoas simples e de boa-vontade que aconselhassem os Ferguson a procurarem a ajuda do Espiritismo para a problemática da filha. Vinculados, porém, às ideias religiosas retrógradas, preferiam consultar, incógnitos, charlatães e exploradores, a assumirem decisão clara e nobre de procurarem uma sociedade capaz de socorrê-los com os lenitivos do esclarecimento correto e a terapêutica específica utilizada em casos que tais.

Com a adolescência, Lisandra começou a apresentar sinais periódicos que se semelhavam à hebefrenia clássica, que já se expressavam como cargas obsessivas de grave teor espiritual, perturbante. Tornara-se distante da realidade, com péssimo aproveitamento no liceu, não obstante se esforçasse por aprender e fosse pontual às aulas, quanto lhe permitiam as vicissitudes decorrentes da saúde. É certo que os pais não acreditavam pudesse a filha concluir o curso, porém anelavam prepará-la melhor culturalmente para enfrentar o futuro.

Nesse comenos, o chefe do clã foi vitimado por uma série de problemas orgânicos, que muito afligiram os familiares. Em plena convalescença, deu-se conta de constantes cãibras nas mãos, nos pés e, periodicamente, passou a experimentar sensações de perda da sensibilidade táctil... Surgiram algumas despigmentações cutâneas que o levaram, apreensivo, a conhecido dermatologista, que não titubeou no pronto diagnóstico.

Tratava-se de hanseníase, em grave fase de desenvolvimento, ameaçando a família e a comunidade em que circulava o enfermo.

O especialista, conforme a conceituação da época, foi peremptório, encaminhando-o, sem de nada o informar, ao serviço de lepra, solicitando a pura e simples internação no hospital de precárias condições, mais presídio que nosocômio.

Habilmente, ocultou o diagnóstico ao paciente e o induziu a buscar o colega, em caráter de urgência. Ato contínuo, fez a notificação por telefone.

Chegavam as excruciantes aflições que desabariam por longos anos sobre os familiares Ferguson...

Sem saber exatamente o mal de que era portador, intuído, porém, pela divina inspiração, antes de rumar ao consultório indicado, dirigiu-se ao lar, transido de angústias, com o peito prestes a arrebentar de desespero desconhecido. Experimentava a sensação profunda de aniquilamento, diminuída pelas débeis lucilações da esperança, que lhe indicavam, no entanto, possibilidades de recuperação da saúde...

Em silêncio, opresso, adentrou-se no lar e procurou fixar n'alma, indelevelmente, todas as cenas, que lhe seriam as reminiscências futuras. Não se encorajou a oscular os familiares. Algo lhe dizia ser aquela uma despedida que o levaria à loucura surda, insuportável.

O semblante assinalado pela dor não passou despercebido à vigilante esposa, que o interrogou preocupada.

Deu-se conta, naquele momento, de quanto a amava. Desejou suplicar-lhe perdão e ajuda... Conteve a vontade, escusou-se, com o espírito em alucinação, o corpo a doer, e dirigiu-se à clínica a que fora encaminhado.

Sentia-se avançando para o matadouro.

O leprólogo, homem honesto, porém acostumado aos dramas dos colhidos pela severa enfermidade expurgadora, usou de demasiada sinceridade.

— Não há dúvida, o senhor é portador do hanseníase, de lepra, como é vulgarmente conhecida a enfermidade. Não se fazem, sequer, necessários os exames para a confirmação do diagnóstico... Estes poderão ser providenciados após o internamento.

A palavra e o diagnóstico desabaram sobre ele como o ruir de tudo, esmagando suas forças enfraquecidas.

Sem uma reação verbal, negou-se, no entanto, a aceitar a inditosa realidade. Era-lhe impossível crer. Conteve-se, porém, sem saber como, enquanto o especialista prosseguia:

— Sou obrigado a interná-lo no sanatório próprio. Sua vida, agora, pertence ao Estado, encarregado de zelar pela população. Não digo que o senhor seja uma ameaça, porém, convenhamos, é um perigo para a coletividade.

O Dr. Armando Passos, em função da áspera tarefa, expunha com uma indiferença lamentável, o que era uma pena para ele. Após pigarrear, frio, deu mais ênfase, prosseguindo:

— Se o senhor ama a sua família... Tem família? — interrogou. E ante a aquiescência do paciente, deu curso à rude explicação:

— É de bom alvitre que os poupe ao escândalo de ser levado à força, ou, o que é pior, ao contágio... Certamente, submeteremos todos aos exames competentes, a fim de verificarmos se já houve, por acaso, alguma contaminação... Esse bacilo é insidioso e cruel, sempre causador de surpresas, podendo incubar-se por até mais de vinte anos... De acordo?

O Sr. Rafael, sem conseguir articular a palavra, com a garganta túrgida e a alma em febre, assentiu com a cabeça. As lágrimas desataram-lhe em abundância.

— Compreendo a sua dor — acrescentou o esculápio —. Avisaremos aos seus e cuidaremos de tudo. Não se preocupe. O senhor seguirá daqui diretamente para o lazare...

Não completou a palavra. Afinal, a consciência, momentaneamente acordada, fê-lo recordar-se de que estava diante de um paciente que ouvia cruel sentença e necessitava de uma terapêutica, senão de amor, pelo menos de solidariedade humana, que nos devemos, umas às outras, todas as criaturas. Adicionou algumas expressões que o sucumbido enfermo já não conseguia registrar conscientemente, tal o abismo em que se sentiu arrojado pela conjuntura grave.

O mais foram as providências de praxe, formais, e a transferência do Sr. Rafael para o casarão semiabandonado, em que os réprobos do pretérito espiritual culposo ressarciam os débitos, na áspera posição atual.

Antes de despedir-se do médico e informado de que a família seria notificada posteriormente, solicitou papel e grafou com mão trêmula um recado à esposa que a tudo ignorava, esclarecendo-lhe a necessidade de uma viagem urgente, prometendo notícias pormenorizadas logo depois...

O médico comprometeu-se a enviar o bilhete à destinatária, enquanto ele seguiu, sentenciado pela legislação divina incorruptível, para o cumprimento da pena impostergável.

Na alma aturdida, em densa noite, o Sr. Ferguson, sem o amparo de uma fé luarizante, não possuía o socorro das estrelas morais que fulgem esperança no céu das aflições. Deixou-se sucumbir, sem raciocínios, impossibilitado de pensar ante a situação maceradora que o impelia à revolta em que mergulhou, sob o estrugir do ódio, em forma inicial de ira, que o dilaceraria, no futuro, como ácido a requeimá-lo por dentro...

4 A dimensão do sofrimento

Não houve despedida entre o paciente e seus familiares, nenhuma palavra que pudesse diminuir a inclemência do horror que se abateu sobre a Sra. Artêmis, quando notificada do inditoso acontecimento, também golpeada nos recessos da alma sensível.

O ofício lacônico do órgão competente, em termos breves, incisivos, sem mais amplos informes, alcançou a finalidade, como um raio destruidor, atingindo débil floração de vida.

Não fosse o amparo de Hermelinda e a pobre dama, no desmaio que a venceu, se teria ferido no solo...

A mensagem que lhe exigia a presença no posto de saúde, para os exames necessários que se impunham, levando também a família, parecia-lhe um sortilégio infeliz, um pesadelo que logo mais cessaria.

Sem saberem o que fazer de imediato, colhidas pela terrível conjuntura, quase hebetadas, foram inspiradas à oração pela genitora desencarnada de D. Artêmis.

Lisandra repousava, vencida por mais uma crise angustiante. Gilberto se encontrava no Liceu. As duas almas irmãs, trucidadas pelos tridentes do sofrimento selvagem, recolheram-se à oração lenificadora, ora vertida em palavras de dor excruciante, ora calada em silêncios abissais da amargura.

Lentamente, ao beneplácito da oração que jamais se demora sem a indispensável resposta, foram-se acalmando, atendidas pelo magnetismo dulcificador e reconfortante que lhes aplicavam os invisíveis amigos espirituais, responsáveis pelo curso dos acontecimentos educativos em prol da sua redenção.

Esses benfeitores amorosos não liberam os seus tutelados da canga do sofrimento de que necessitam por impositivo dos próprios erros, que lhes cumprem resgatar, recompondo as paisagens humanas que ficaram ermas, em face da sua instância infeliz. Se o fizessem, seria, antes, uma atitude arbitrária de injustiça, o que constituiria derrogação das leis soberanas que regem a vida, em nome de um falso amor, mais conivência com o erro que estrutura de sabedoria iluminativa e libertadora a benefício geral. Todavia, inspiram decisões felizes, evitam ciladas odientas, que aumentam o padecimento, em virtude da rebeldia a que se arrojam os incautos com a soma das cargas imprevisíveis que arrostam e a que se impõem, danosas; impregnam-nos de forças superiores decorrentes da oração e do intercâmbio psíquico, que estabelecem e mantêm em psicosfera de harmonia e esperança; induzem pessoas ao bem e facultam fatores que auxiliam, atenuando os testemunhos; iluminam a consciência e ativam as lembranças passadas, reavendo-as dos arquivos da memória, a fim de perceberem que a indefraudável Justiça divina é também amor, e que o amor é a mais apurada metodologia existente para a libertação e aprendizagem do espírito sequioso de evolução; amparam, moralmente, com a sua presença e tornam-se faróis íntimos a apontarem rumo na noite das provações santificadoras.

Desse modo, refeitas do primeiro grande choque, as duas almas afins combinaram que não poderiam ocultar aos jovens o drama que pesava sobre o lar, em considerando o impositivo das pesquisas médicas a que todos se deveriam submeter.

As horas, agora, pesavam no compasso da lentidão. A ausência do chefe da família não apenas se transformava num tipo de morte mais dorido do que o da desencarnação, e, ao lado disso, se adicionava a aziaga consequência, na balança financeira do clã, que era mais uma sombra de dor para os espíritos espezinhados pelo sofrimento.

Constituíam-se de pessoas da classe média, conforme os padrões econômicos vigentes na Terra, que dependem das quotas do labor realizado, sem maiores economias que suportassem um período largo de vicissitudes.

Naqueles dias, o ingresso num leprocômio redundava numa viagem ao país da desesperança, donde, praticamente, não se retornava ... Além disso, o estigma que assinalava uma família constituía marca ímpar de abjeção e desgraça, que inspirava pavor e, em alguns lugares, perseguição implacável. Normalmente, as pessoas ligadas a hansenianos viam-se obrigadas ao terrível silêncio, sem lograrem, sequer, uma palavra consoladora dos amigos ou dos parentes mais achegados pelos laços estreitos da consanguinidade. Quando indagados por aqueles a quem amavam e se encontravam ausentes, dissimulavam a dor e entregavam-se a evasivas. Transferiam-se de residência, a fim de evitarem a suspeição e decorrente interrogatório da maledicência hábil dos vizinhos e conhecidos...

D. Artêmis somava à extrema aflição de uma indébita viuvez com o esposo vivo-morto toda a gama das próximas dificuldades financeiras e a carga dos esdrúxulos preconceitos gerados pela ignorância e impiedade da insensatez, que não se dão conta de que o sofrimento no lar do próximo está, também, a caminho do seu domicílio...

Hermelinda, no auge do sofrimento, abraçou a cunhada e, fortemente inspirada, após a prece lenificadora, confortou-a, dizendo, emocionada e vibrante:

— Deus nos dará forças para vencer a situação amarga. Jamais nos deixa órfãos o supremo Pai, quando d'Ele mais necessitamos. Uniremos nossos esforços e lutaremos. Em verdade, nunca preencheremos a falta do ser querido em casa; todavia, o Senhor não nos deixará sem o pão, sem a luz da fé, nem o agasalho da esperança. Sofreremos e cresceremos ante Seus olhos... Razão deve haver, que nos escapa, para que sejamos apanhados por este superlativo sofrer, nos verdes dias dos nossos sonhos, ora tornados sombrios pesadelos. Não desanimaremos, apesar de a alma estar triturada, e tenho a certeza de que Ele, o Pai zeloso, nos auxiliará a subir a difícil montanha da resignação e da confiança, conduzindo o fardo que nos cabe suportar.

E, semi-incorporada pela genitora de D. Artêmis, olhos brilhantes, concluiu:

— Dia virá em que veremos retornar o nosso Rafael, mutilado ou não, em outras circunstâncias, ao lar que o esperará por todo o sempre, onde foi impedido de permanecer, por enquanto, ao império da superior vontade de Deus.

Uma atmosfera de paz saturou o ambiente, fazendo-o sutil, qual o clima que deveria ser, habitualmente, o de todos os lares da Terra.

Reunindo as forças claudicantes, naquela noite, após transcorrida a refeição e realizados os deveres escolares, a genitora elucidou os filhos quanto ao ocorrido e, sem qualquer dramaticidade ou excesso que mais os acabrunhasse, expôs sobre os cuidados que deveriam ter, a partir de então, em se referindo ao pai, bem como a respeito dos dias que viriam menos ditosos, encerrando a entrevista com um toque superior de otimismo e esperança.

Os jovens não puderam ocultar a angústia. Já possuíam discernimento suficiente para aquilatar da extensão da ocorrência: o padecimento do progenitor, a desventura da mãe, a ameaça que pairava sobre todos, quanto à hipótese de estarem contaminados, e sobre o futuro agora mais incerto...

Aumentando a carga de desespero controlado, Lisandra, acoimada pelo choque, como, aliás, esperado, foi vencida pelo mergulho demorado em dura crise epileptiforme, perdendo a consciência. Dessa vez, agitava-se balbuciando palavras inteligíveis, diversas da ocorrência tipicamente epiléptica, sem as convulsões características. No entanto, inquieta, como se passeasse por lôbregos sítios que lhe causassem horror, alucinação, expressava conexão nas palavras enunciadas com esgares...

A jovem ressumava no transe afligente as reminiscências da vida anterior, que agora produziam os desaires e as propelentes aflições que se impunham como medida salvadora para a reabilitação pessoal e a dos implicados nas desditas transatas.

Aquela foi, para a família Ferguson, uma demorada noite de agonia, até a quase total lassidão das resistências físicas e morais.

Não se pode expor com facilidade toda a dimensão do sofrimento que se adentrou, alígero, pelo lar já consumido por dores que se sucediam, cruciais, desde há tempos.

5 O pesadelo e Cândido

Passado o primeiro momento, após a notícia desconcertante que ora lhe martelava a mente, em impulsão desesperadora, o Sr. Rafael não conseguia coordenar as ideias com a segurança que lhe era habitual.

Deixara-se transferir para o leprocômio, que conhecia por meio das lendas de horror que a imaginação popular concebia e divulgava, sem mesmo dar-se conta da decisão.

Era-lhe inconcebível aceitar a contingência, que se semelhava a grosseiro embuste do destino, de que se liberaria mediante surpresa idêntica da fortuna.

Ao anoitecer, defrontando a aspérrima realidade que encontrava no hospital, não suportou a dor superlativa, entregando-se ao choro convulsivo, selvagem.

Aquele era um mundo de mutilados, sombras inditosas, purulentas, na escuridão de um inferno horrendo.

Encaminhado a uma enfermaria onde viviam outros pacientes, todo ele se transformara. Sentia o recrudescer dos sentimentos inferiores, dominando-o num ódio primitivo contra Deus, contra todos, contra ele mesmo.

Fizera-se um vulcão em erupção. O odor nauseante da sala, as péssimas condições de higiene, a promiscuidade coletiva eram tão macerantes quanto a própria odienta enfermidade.

À véspera — refletia — dormira no lar e agora... Não conteve a desesperação, sendo acometido por um acesso nervoso.

Enfermeiros e colegas de infortúnio acorreram e dominaram-no.

Foi-lhe aplicada medicação calmante à força, enquanto se debatia, em fúria, negando-se permanecer na jaula a que se sentia relegado.

As blasfêmias da alucinação espocaram-lhe pelos lábios febris, até a exaustão, quando se fez sentir o efeito balsâmico da dose medicamentosa.

Àqueles dias faltava maior compreensão em torno da hanseníase, das suas causas, sua terapia, tudo agravado, ainda, devido à ignorância quanto à preparação psicológica do enfermo, a fim de submeter-se ao tratamento em clima de confiança, embora a pouca esperança de cura.

Os enfermos formavam uma comunidade banida, isolada da sociedade, mais temida do que os criminosos portadores de alta periculosidade. Como os olhos humanos preferem as aparências, mais facilmente simpatizavam com os bandidos formosos do que com os santos morféticos...

No dia imediato, ainda vencido pela lassidão dos sentidos, pela mente tarda, mutilado mais na alma do que no corpo, experimentando dores físicas defluentes do infinito abalo moral, não teve forças para levantar-se. Deixou-se ficar imerso na torva desesperação sem palavras.

Negar-se-ia a viver — reflexionava, aturdido.

Simultaneamente, o pensamento em ardência trouxe à recordação os familiares, os horrores que naquele momento deveriam estar experimentando. Como teriam recebido a notícia? Qual a reação da esposa, da irmã, dos filhos... da filha? Jamais, pensava, o saberia.

Tinha-se em conta de um ser desprezível, realmente desgraçado... Era um "imundo"...

A palavra multimilenar, pronunciada com asco, ferrava a fogo, no espírito, a mancha inapagável. Só então chorou, emocionado. Não as lágrimas de ácido comburente, devastadoras, mas as que nascem nas fontes do sofrimento, as quais, enquanto são vertidas, acalmam, refrescam o ser, lenindo as ulcerações e prometendo cicatrizá-las.

Perdeu a noção do tempo e do espaço. Uma desconhecida sensação entorpeceu-o, levando-o a sono profundo, não obstante as horas do dia claro.

No transe experimentado, sentiu-se recuar às contingências da vida atual, como se estivesse diante de uma tela de cinemascópio e se revisse em caráter retrospectivo, desde o internamento hospitalar ao berço e daí, após uma larga faixa de sombras em que se debatiam vultos informes e se sucediam acontecimentos sem nitidez, recomeçassem as paisagens, nas quais se sentia viver.

Destacavam-se, na visão colorida, cenas que retratavam poder e distinção social em torno de um homem abastado e nobre, bajulado, no qual, acurando observações, se descobriu a si mesmo, embora alguns diferentes traços fisionômicos...

Ao deparar-se com a personagem, com ela se identificando, percebeu-se com tal afinidade que experimentou trasladar-se da posição de observador para a vivência emocional do indivíduo examinado.

Sentiu a arrogância e a prepotência que lhe intumesciam o peito, o orgulho exacerbado e a alta carga de paixões, que a custo dissimulava; a mente varrida por dramas sucessivos parecia deleitar-se em poder executá-los sinistramente. Sabia-se temido e odiado, no que se comprazia.

Como continuasse a viagem em retrospecto, encontrou-se numa ampla alcova, diante de bela mulher imóvel, que fitava aterrada a construção de uma parede...

O silêncio, quebrado somente pelas ferramentas manipuladas, a respiração abafada e uma soma de ódio que não extravasava, em explosão, porque parecia vingar-se fria, calculadamente, assinalavam o ambiente.

De súbito enevoaram-se os cenários, perderam-se os contornos, e ele, volvendo à posição anterior, passou a fugir em delírio, desequilibrado, açodado por implacável vingador que cavalgava empós, alcançando-o e liberando-o, para novamente vencê-lo...

Na luta desigual, ao verificar-se dominado pelo outro, em estarrecimento pôs-se a gritar. A debater-se no leito humilde, despertou, banhado de suor, com expressão bestial.

A balbúrdia produziu reclamação dos acamados em volta e atraiu o enfermeiro, que, gentil, procurou acalmá-lo.

— Um pesadelo, pois não? — inquiriu prestimoso.

— É a primeira fase. Todos são vítimas desses sonhos tenebrosos, quando dão ingresso aqui.

"Acostumam-se depois. Os primeiros são os piores dias. O inconsciente se liberta, as imagens inspiradas pela doença desbordam-se e agridem suas vítimas. Não desespere. O tempo lhe enxugará as lágrimas, e você aprenderá a lutar pela sobrevivência, eu bem o sei..."

Tinha razões o cooperador da enfermagem, não, porém, totais. É natural que o choque produza, inevitavelmente, a liberação das lembranças arquivadas no inconsciente, mas não apenas as que dizem respeito à vida atual. Os depósitos da "memória não cerebral" guardam os arquivos dos sucessos atuais e pregressos, das vidas anteriores, de que dão conta ao impositivo das emoções mais fortes, dos gravames morais, das contingências espirituais imperiosas.

Naqueles momentos, o Sr. Rafael retornara ao seu passado espiritual, no qual fixara as matrizes do sofrimento atual, que carpia, gerado pela soberba e impiedade que lhe caracterizavam a existência perniciosa, que deveria santificar no amor, na solidariedade, considerando-se os bens que usufruíra egoísta e voluptuosamente.

Alguém que malbarate os valores da vida não permanece de consciência pacificada.

O abuso da força, do poder econômico ou social, da autoridade, da inteligência, seja do que for, produz a desdita a que o mau mordomo se arroja, em demorada e aflitiva recuperação.

Todos os valores positivos que enflorescem a vida humana exigem prestação de contas, na qual são examinados a aplicação, o uso, os resultados do investimento, concedendo-se ao usufrutuário o respectivo salário, adicionado aos juros de que se faça credor.

Na ordem divina espírito algum explora, aproveita-se, perverte, abusa do patrimônio do Pai, sem ser chamado a graves contas...

Os que estagiavam, portanto, no lazareto, constituíam a massa dos exploradores de ontem, em si mesmos vencidos agora, ao impacto do ressarcimento, no campo de lutas que preferiram por livre escolha.

Daí os pesadelos semelhantes, conforme anotara o enfermeiro, que os acometiam, que a consciência individual, expressando a Consciência soberana, os reconduzia de volta aos climas que empestaram com a presença e àqueles a quem defraudaram, de modo a que se identificassem com a magnânima justiça, que é também misericórdia e amor, inclusive para os que a desrespeitam e a malquerem.

A inflexão de voz, em tom fraternal e amigo, dirigida ao paciente, arrancou-o da momentânea hebetação. Unindo as atitudes às palavras, o generoso servidor ofereceu-lhe um vaso com água fresca, tentando reconfortá-lo.

— A coisa não é tão má como dizem — falou com naturalidade —. Aqui também se ama e se confia em Deus. Isto não é um presídio, mas um hospital. O cerceamento da convivência familiar se justifica a benefício de todos. Note bem: em casa as pessoas negligenciam os horários para a medicação, que deve obedecer a um rigoroso esquema; não resguardam, devidamente, a família; são tentadas à convivência social... Ora, como não se sabe exatamente como ou quando ocorre o contágio da doença, o serviço de saúde isola o paciente e nada mais. O restante decorre da superstição e da ignorância...

A argumentação franca e leal repercutiu positiva no recém-chegado.

— Demais — prosseguiu, jovialmente —, o doente deve agradecer por ter os seus familiares poupados, ser cuidado por pessoas especializadas, que não se impressionam com ele, qualquer que seja seu estado, nem o temem. Concorda comigo?

A interrogação obrigou-o a uma resposta que deu, meneando a cabeça, em assentimento.

— Então, homem — concluiu —, saiamos dessa cama e comecemos a vida nova. Recusar-se um problema não o anula, nem o resolve, antes agrava-o. Só a atitude corajosa para defrontá-lo enseja os meios de vencê-lo. Venha comigo. Conheçamos sua nova casa. É velha e um pouco sombria. No entanto, as pessoas, aqui, preferem o pessimismo, quando, ao inverso, poderiam modificar tudo, conseguir beleza...

"Já notou como o monturo recebe a primavera? Abrindo-se em folhagem e flores que melhoram o ar e modificam a paisagem!..."

O enfermeiro, de meia-idade, chamava-se Cândido, ufanando-se, na sua bondade espontânea, de informar que seus pais assim o denominaram em homenagem a Candide, personagem central da obra-prima do mesmo nome, o célebre romance filosófico de Voltaire.

O Sr. Rafael encontrava seu primeiro amigo, um excelente amigo, quase um benfeitor. Sucede que a celeste vigilância jamais se demora desatenta...

6 Martírio de esposa e mãe

D. Artêmis não conseguia refazer-se dos sucessivos choques.

À angústia decorrente da enfermidade e internamento do esposo se adicionava a inquietação crescente, em face da problemática de Lisandra. Por duas noites e dois dias ininterruptos, a jovem prosseguiu dominada pelas *ausências*, agora assinaladas por distúrbios perturbadores, incompreensíveis. Eram monólogos, durante os quais exteriorizava tão excruciantes expressões de horror, que estas inspiravam profunda compaixão, fazendo-se seguir de demorado período de total alheamento ao ambiente que a cercava.

Recobrava por instantes a lucidez para prorromper em demoradas crises lacrimosas.

Como se agravasse o estado, foi convidado o médico da família, que a acompanhava desde a infância.

Ante o quadro delicado, este se confessou impotente para entender a ocorrência e debelar o mal.

Somente após a genitora narrar-lhe os dolorosos sucessos que abalaram o lar, naqueles dias, até os alicerces, é que o facultativo encontrou explicação para o grave trauma que a notícia extemporânea causou à jovem, fazendo-se acompanhar de imprevisível frustração e consequente depressão moral, que seria, segundo sua opinião, de longo curso.

Receitou calmantes e recomendou paciência, vigilância com que se deveria aguardar a superação do problema pela paciente, a pouco e pouco.

D. Artêmis e Hermelinda, em razão disso, não dispunham do tempo necessário para a reflexão, em decorrência dos lancinantes acontecimentos que desabaram sobre suas cabeças, mortificando-as, a todos dilacerando.

Nos breves momentos que se permitiam, entregavam-se à oração com que minoravam a ardência das aflições que as venciam inexoravelmente.

Gilberto deu-se conta de todo o dissabor e da gravidade da hora. Adolescente, ainda aos 15 anos, amadurecia no sofrimento candente que o precipitava às responsabilidades na família, em face da ausência compulsória do genitor.

Sem a experiência suficiente para a tarefa, procurou, todavia, confortar a mãe e a tia, crescendo moralmente junto às duas mulheres crucificadas nas traves do testemunho redentor.

Toda tempestade, por maior que seja a força de que se reveste na sua violência, após atingir as culminâncias, amaina, deixando destroços à passagem, porém, cedendo à força pacificadora da bonança.

Decorrida uma semana de dores e apreensões, o lar readquiriu o aspecto anterior, onde, agora, a melancolia substituía os poucos sorrisos e a saudade envolvia de tristeza os corações...

Nesse ínterim, chegou a primeira carta do querido ausente.

Não era uma missiva de esperança ou de consolação. Ainda traumatizado profundamente, o esposo e pai estremunhado, embora esforçando-se por ocultar o estado terrível em que se debatia, narrava as ansiedades do coração e a imensurável revolta ante o golpe sofrido.

Por fim, sem essa humildade que enobrece as almas que são superiores, declarava taxativo: "Se eu descobrir que contaminei algum dos meus amados, não suportarei a infame desdita. Esse será, então, o meu último dia de vida na Terra...".

Entretecia outras considerações de dor, entre magoado e aturdido, qual náufrago sem arrimo em noite de tormenta, sobraçando desesperação.

No conteúdo de ácido e fel havia o amor corroído pelo desaire, quando este poderia ser o lenitivo para todos os sofrimentos e o sustentáculo para as fraquezas.

Os conceitos torpes dos homens sem uma forte convicção em Deus extraviam-se e entorpecem-se, mesmo quando sustentados por ideais legítimos, por lhes faltarem a seiva essencial que promana da Causa excelsa.

A esposa, esmagada pelas contínuas surpresas, ao contrário do companheiro desditoso, recolhia-se à comunhão com a Mãe do Crucificado, entregando-se-lhe... e a ela oferecendo o sacrifício da libação na taça das aziagas beberagens expiatórias. Nesses momentos, sentia lucilar a esperança e renovava-se para lutar, embora o sucumbir contínuo sob os fardos exaurintes.

Atendendo à notificação do serviço de saúde, no tempo próprio apresentou-se com a família às autoridades sanitárias para os exames de praxe, cujos resultados lhes seriam comunicados posteriormente.

Ao dermatologista causou piedade o estado físico e moral dos Ferguson, sensibilizando-o a ponto de fazê-lo acorrer, generoso, em sua ajuda, mediante conceitos otimistas e tratamento fraternal.

O fantasma do contágio, porém, prosseguia no lar, invisível, mas presente, asfixiante, partícipe de todos movimentos.

Os jovens afastaram-se das aulas, enquanto aguardavam a autorização médica após os exames, numa medida acautelatória.

A família, no interior do estado, foi informada pela sofrida senhora, vindo alguns irmãos pressurosos oferecer ajuda e propor retorno para a fazenda, onde poderiam fruir de vida regularmente folgada e tranquila. Ela, todavia, não se encorajava a interpor maior distância entre si e o esposo internado, considerando, também, a ignorada enfermidade de Lisandra, motivo de constante, crescente preocupação.

Após os debates, nos quais a solidariedade do velho pai e irmãos de D. Artêmis atestou a excelência dos valores espirituais de criaturas humanas que eram, deliberou-se que tudo prosseguiria com normalidade, conforme as novas circunstâncias, cotizando-se todos com o objetivo de assumirem os encargos financeiros da família em sofrimento.

Gilberto impôs-se a necessidade de trabalhar durante o dia, transferindo os estudos para a noite, e todos aguardariam o amanhã, conforme as decisões da divina Vontade.

Transcorrido o prazo regulamentar, o resultado negativo dos exames, em relação à família, foi o primeiro abençoado dia de sol que clarificou aqueles espíritos, colhidos na luta evolutiva pelos impositivos das reencarnações passadas.

7 Auto-obsessão

O impositivo do tempo sucedendo-se, inevitavelmente, venceu as resistências no lar dos Ferguson, que, após a sucessão de dores, se adaptou às anteriores condições da sobrevivência.

Em verdade, a família submeteu-se às contingências novas com esforço hercúleo, abafando aspirações e transferindo programas. A felicidade transformou-se em resignação, e a alegria tornou-se morna tranquilidade superior, que ocultava ebulição facilmente perceptível, em ritmo que exterminaria as suas vítimas a qualquer nova sobrecarga.

Gilberto empregou-se numa casa comercial, adquirindo total consciência de responsabilidade, embora mais acentuada lhe fosse a introspecção. Podia ser considerado um fogoso corcel em brida curta que a vontade férrea manietava.

Já Lisandra descambava, lenta, porém, continuamente, para um doloroso processo de alienação auto-obsessiva.

A conselho médico, fora privada de continuar os estudos, deixando-se arrastar pelo alheamento e pelas crises, que persistiam, periódicas, com maior vigor nos dias do fluxo catamênio, que, então, a depauperava. Nessas oportunidades, não armada de conhecimentos que a auxiliassem com as forças capazes de poder reagir ao deperecimento psíquico e físico, acalentava a autocompaixão, mais fixando o desequilíbrio nas tecelagens sensíveis do perispírito.

No íntimo, rebelde, sentindo a ausência do genitor que a mimava e em quem encontrava estímulos oriundos da afetividade subjacente desde a existência passada, que ora reajustava mediante o programa expiatório atual, fugia psiquicamente à realidade, permitindo que os clichês impressos na mente subconsciente ressurgissem nebulosos, produzindo-lhe inquietação em alguns momentos e, noutros, profunda melancolia.

Parecia recordar-se de prazeres nos quais fora personagem de relevo e *revia-se*, mentalmente, requestada, numa sociedade ociosa em que sobressaía pela beleza e futilidade, pela posição a que se guindava e pela permissividade bem disfarçada, que usufruía. Nessa situação, a memória referta de sensações orgíacas divagava, e a jovem recolhia-se com avidez à penetração, cada vez mais ansiosa, da paisagem íntima que a agradava.

Não cientificava, dessas divagações, a genitora, preocupada, semissucumbida pela demorada provação, zeloso anjo da guarda junto à sua enfermidade.

Cria, talvez, que tudo fosse imaginação, desejo silenciado, não obstante, nas poucas reflexões cuidadas que se permitia, dava-se conta de que tais "sonhos", em plena lucidez, estavam presentes em sua vida, desde até onde chegavam suas recordações da vida infantil. Sem meios de comunicação normais que lhe produzissem esses anseios e lampejos, mortificava-se, sem entender a ocorrência que a deleitava.

Era esse o seu "mundo feliz", conforme o imaginava, exceto quando, em face de qualquer problema que a excitasse, fugia, atendendo a poderoso mecanismo para ela incompreensível, para as *ausências*, nos desmaios em que sucumbia. Também lhe sucedia o vágado, quando a regressão da memória em devaneio defrontava os episódios macabros de que cria haver participado, naquele mundo mental, e que a censura automática dos centros da consciência se negava revelar com toda a força da sua realidade. Necessário esclarecer que o problema da auto-obsessão decorre da necessidade que o Espírito se impõe, no processo reencarnatório, de expungir crimes perpetrados e que não foram denunciados, nem também justiçados a seu tempo.

A culpa insculpida nos mecanismos do ser consciente, nos recessos da alma, é brasa viva a requeimar, até que se dilua pelo soerguimento do defraudador da justiça, quando se sinta recuperado e quite, desaparecendo, então, os agentes causadores do desequilíbrio.

Após identificar os erros, sem os poder negacear ou iludir-se, quando em estado de erraticidade, o Espírito reencarna com a consciência do desacato às Leis divinas, sabendo-se carente de reeducação.

Permanecem-lhe semiapagadas as reminiscências que procura esquecer no mergulho carnal. No entanto, o arrependimento como o remorso de que padeceram no além-túmulo ressuscitam-nos, dando-lhes mais vigor e infundindo receios profundos, graças à lucidez adquirida quanto à responsabilidade dos mesmos delitos que ora devem resgatar...

Durante a reencarnação, em que se apagam, normalmente, as lembranças transatas, aquelas de naturezas criminosas desatrelam-se de permeio com as construções mentais do cotidiano, gerando perturbações, receios aparentemente infundados para o observador comum, aumentando a pouco e pouco sua liberação quase total, reincorporando-se à personalidade, agora em forma de pensamentos atuais, tumultuados, desconexos.

O paciente, incurso em tal processo, se concentra no obscuro poço das recordações que se acentuam e tomba em alucinações, delírios, porque são invadidos os centros da consciência pelas fortes impressões desagradáveis, trágicas, de que se desejava libertar.

Desaparecem os contornos das aquisições do momento, enquanto ressumam as experiências arquivadas, que passam a governar em desalinho as reações da emotividade do "eu" consciente, produzindo a alienação.

Sua reativação, mesmo por processos indiretos — determinados objetos e pessoas, acontecimentos e expressões ocasionalmente produzem associação de ideias por semelhança, conseguindo projetar na consciência atual as imagens correlatas que dormem sepultadas nos escaninhos da "memória extra cerebral", trazendo-as de volta —, faz que o enfermo se autoapiede do que lhe ocorre no seu mundo íntimo de sombras e receios, criando as auto-obsessões, geratrizes das psicoses várias, quais a maníaco-depressiva, que se expressa, dentre outra forma, pelas tentativas de suicídio com que o Espírito reencarnado supõe evadir-se novamente à justiça de que necessita; as perturbações mentais da epilepsia, quando as cenas horrendas conduzem-no às *ausências*, às convulsões, em face dos desequilíbrios e das consequências daqueles mesmos delitos, impressos como distúrbios na engrenagem encefálica, pela presença das infecções, das disritmias, etc., que são parte expressiva das psicoses endógenas estudadas pela Psiquiatria moderna, num capítulo próprio. Noutros processos, são responsáveis pelas neuroses complexas e perturbadoras.

Por ponderáveis razões, o esquecimento das vidas anteriores é Misericórdia e Sabedoria divina para com os homens.

As síndromes das enfermidades mentais têm suas raízes no Espírito endividado e são tais doenças recursos punitivos e reeducadores de que se utiliza a vida, em nome da Divindade, para lecionar justiça e administrar evolução aos que se negam à vivência dentro das linhas do amor, conforme o ensinaram todos os construtores éticos da humanidade e, especificamente, Jesus, o amor por excelência de todas as criaturas.

Em Lisandra, a crise epiléptica, oscilante entre *pequeno e grande mal,* resultava do pavor que lhe inspiravam as reminiscências culposas, fazendo-a fugir da organização somática. Não obstante reencarnada, desligava-se parcialmente do corpo, induzida pelo medo, quando, então, defrontava os cúmplices e as vítimas do passado que a haviam reencontrado, nela produzindo os justos horrores que a vingança infeliz propicia.

Compreensivelmente, sacudido pelas altas cargas energéticas que procedem do espírito e atuam no encéfalo por ele profundamente interpenetrado, este produzia as convulsões, levando a paciente, no caso em pauta, a automatismos psicológicos, nos quais se exteriorizava verbalmente, com palavras que retratavam retalhos das ocorrências pretéritas que se negava aceitar.

D. Artêmis insistia com a filha, tentando arrancá-la da lassidão, emulava-a às prendas domésticas, cujo labor lhe seria proveitoso, com resultados mínimos. O espírito viciado, indolente, instava por cultivar infelicidade, pessimismo, deixando-se sofrer parasitariamente e ensejando o intercâmbio com os inimigos desencarnados que lhe aumentavam as dores e receios, dando curso à obsessão que assumiria com o tempo, não fosse cuidado o caráter subjugador.

Em problemas desta natureza, a terapêutica sempre deverá iniciar-se pela conscientização do paciente, reeducando-se-lhe a vontade, disciplinando-o e motivando-o à aquisição de ideias nobres, mediante o exercício de leituras salutares, diálogos otimistas e positivos, oração e reflexões nobres, passando-se à fluidoterapia ou realizando-a simultaneamente, pelo processo dos passes, da água fluidificada, utilizando-se, também, a laborterapia e, em casos mais graves, os específicos da técnica psiquiátrica.

Não padecem dúvidas, porém, quanto aos promissores e relevantes resultados que se obtêm através da renovação íntima do enfermo, sua radical mudança dos velhos hábitos, para as realizações edificantes e os exercícios da caridade ao próximo, no que, em análise última, é sempre caridade para consigo próprio.

Lentamente, o conhecimento da reencarnação, fora dos núcleos espiritistas, vai propondo mudanças auspiciosas na forma de encarar-se um sem-número de ocorrências, sugerindo práticas não ortodoxas diante de enfermos e perante enfermidades tidas como verdadeiros flagelos sociais que ainda prosseguem como tais.

Não está longe o dia em que as "ciências da mente" recorrerão ao Espiritismo, verdadeira "ciência da alma e da vida", a fim de beberem na sua fonte os informes que lhes faltam, de cujos resultados se felicitará a humanidade, colocando-se definitivamente a luminosa ponte que ligará a Ciência à Religião, originando-se uma nobre filosofia de vida para o ser humano, que, então, se sentirá mais feliz e mais irmão do seu próximo, conforme a previsão estatuída nos ensinos evangélicos.

Lisandra, auto-obsidiada pelas evocações inconscientes, anulava os esforços conjugados do médico e dos familiares, por enjaular-se na obstinação cega de ser e permanecer inditosa.

Todo problema deve constituir um repto ao valor moral do homem a fim de ser solucionado. Submeter-se passivamente a qualquer conjuntura de dor, ignorância e sombra, resulta de tácita covardia moral ante a luta, na qual todos devem investir e empenhar esforços para a superação das dificuldades e a instauração dos triunfos que produzem seres ditosos.

O maior inimigo do paciente auto-obsidiado é a sua consciência de culpa, de que não se esforça, realmente, por libertar-se, conseguindo merecimentos pelo uso bem dirigido da força que empreende para a regularização dos erros pungentes.

No capítulo das auto-obsessões aparece vasta gama de alienados, egoístas, narcisistas, hipocondríacos, exibicionistas, etc., em cuja gênese da enfermidade se fixam complexas matrizes para a fascinação e a subjugação, que procedem dos Espíritos infelizes que são afins ou se lhes vinculam por processos cármicos redentores.

Em toda e qualquer injunção, porém, a psicoterapia do Evangelho é o mais eficaz medicamento para a alma e, consequentemente, para a vida.

Lisandra percorreria ainda vasta e longa via expurgatória para conscientizar-se verdadeiramente das finalidades da vida na Terra.

8 Esperanças rechaçadas

O Sr. Rafael, sopitando toda a frustração que o macerava interiormente, fez-se mais arredio, completamente antissocial, mesmo entre os que lhe compartiam a enfermidade, pelo impositivo coletivo dos resgates imperiosos.

A instâncias da gentileza e, quanto possível, da assistência fraternal autêntica de Cândido, que se lhe afeiçoara, como tentava repartir sua bondade com todos, entregou-se à crua melancolia e à funda revolta.

Tudo quanto se encontrava em potencial nos recessos do ser, que trazia em germe as pesadas cargas da animosidade e da acrimônia, contribuiu para que se consumisse na combustão da prova, que recebeu com rebeldia superlativa.

O tempo não lhe conseguia produzir o milagre da resignação, nem lhe ofertava o tesouro da humildade. Ânimo exacerbado, quase violento, fez-se elemento pernicioso no hospital, inclusive dificultando o trabalho dos médicos, enfermeiros e funcionários da casa, com os quais implicava, sempre queixoso.

Não conseguia ocultar a mágoa da vida, que o traía sistematicamente, gerando, vez que outra, por parte dos outros, um clima de hostilidade contra ele próprio.

Cândido, que o atendia com devotamento de irmão leal, não logrou, mesmo a longo prazo, modificar-lhe as disposições negativas.

Paciente e conselheiral, o respeitável auxiliar da saúde era o exemplo da força do amor, capaz de demover, pelos exemplos, as mentes mais duramente fixadas às ideias negativas. Os pacientes amavam-no com gratidão. Ele sabia dispensar essas importantes migalhas do bem, que são valiosas em quaisquer situações, particularmente nos transes morais que surpreendem e desgastam as criaturas.

Alegre, sem cultivar a balbúrdia, era bondoso sem alarde, trabalhando por espontâneo interesse, sem receber quaisquer estipêndios, além dos parcos vencimentos de que provia, com nobreza, a subsistência própria e a da família. Se as atitudes no Hospital se padronizavam pelo culto ao dever retamente cumprido, sua vida familial, recatada, atestava-lhe as excelentes qualidades morais, se acaso a vida pública já não o fizesse.

Pai extremoso, era conhecida a sua compostura moral, tornando-se homem de conduta padrão no lar e na rua, exemplo de discreto e humilde cultor dos caracteres do verdadeiro homem de bem.

A esse tempo, as conquistas da Ciência ofereceram à humanidade, mercê da bondade paternal de Deus, que a tudo provê, a descoberta e consequente terapêutica mediante as sulfonas, que se apresentavam como um filão de esperanças para os portadores da hanseníase.

Não obstante, o pessimismo do Sr. Rafael recebeu as notícias auspiciosas com sarcasmo e mordacidade infelizes, no seu habitual estado de rancor pela vida.

Simultaneamente, a técnica, a serviço da saúde, transformava os velhos hospitais em colônias alegres, onde se podiam formar grupos e comunidades equilibrados, seguindo-se, no Brasil, experiências exitosas em outros países da Terra.

Os pacientes do Lazareto em que se demorava o Sr. Ferguson foram transferidos de local, desfrutando todos de uma ampla área verde e urbanizada, onde recomeçariam o ciclo da vida ao ritmo da esperança nova, com possibilidades de egressão.

Já se assinalavam, então, as primeiras licenças e as liberações dos pacientes que se tornaram "não contagiantes", ensejando-se que retornassem ao convívio social.

Certamente, muitos eram rechaçados e voltavam à colônia, deprimidos, enquanto outros, menos mutilados, que podiam ocultar o *mal*, se reintegravam a penates na sociedade, tentando novo ajustamento, não fossem as imensas feridas que lhes ficaram na alma, em forma de terríveis traumas psicológicos e morais.

Agrilhoado pela *lepra mista*, isto é, a *nervosa* e a *tuberosa*, o Sr. Rafael não fruía a ventura de pelo menos amainar a morfeia, desde que se lhe afigurava impossível debelá-la. Ignorava e teimava por ignorar o valor da contribuição pessoal, por meio do cultivo das forças superiores pelo pensamento edificado no bem, suscetíveis de reativar as energias físicas e mentais, como se adquirem créditos, graças à submissão resignada com que se minoram os gravames sofridos e se reorganizam os mapeamentos do determinismo espiritual, modificando-se, inclusive, não raro, os quadros patológicos, as linhas do destino, as diretrizes da vida...

Aspirando as vibrações inferiores e mefíticas que dele mesmo emanavam, mais sucumbia com o corpo em deformação e a alma mutilada, encarcerada na concha do orgulho ferido.

Suas alegrias eram a correspondência do lar, na qual a esposa e os familiares ocultavam as agonias sofridas, apresentando-lhe um quadro irreal de ventura que, em verdade, não existia, objetivando diminuir-lhe as penas e autoflagelações.

Era essa a forma de animá-lo, fortalecendo-o para a esperança que ele se negava.

Em contrapartida, ferreteado pela intempestiva animosidade, suas epístolas eram sombreadas pelas perspectivas sempre negras, carregadas de fel. Desde o princípio proibira, terminantemente, a família de visitá-lo, asseverando que a desobediência a essa ordem redundaria em terrível ofensa para ele.

Desejava ser recordado conforme vivera em casa, não na condição de um pária, um réprobo assinalado por deformações que já lhe afeavam a aparência, o corpo.

A vaidade fútil e vã permanecia nele mais terrível e odienta do que a própria enfermidade. Em si mesmas, as doenças morais são mais nefastas, porque decompõem o homem de dentro para fora, ao inverso das outras, as de ordem física...

Durante esse tempo, com habilidade e persistência, Cândido deixou revelar a sua condição íntima de fé religiosa. Embora respeitasse o culto que se oficiava no Leprocômio, silenciava quanto às próprias convicções.

Em intimidade com o Sr. Rafael, fez delicadas abordagens, revelando sua confissão espírita. Em contínuas conversações, esclareceu quanto aos postulados centrais da Doutrina de Allan Kardec, insistindo no tema e ensino das "leis de causa e efeito", fatores centrais e causais para as reencarnações, por cujo mecanismo se podem explicar todos os problemas humanos e sociais vigentes na Terra.

O obstinado interlocutor, apesar de ouvi-lo com o respeito e a admiração de que Cândido se fizera credor, argumentava, fixando-se nas ideias negativas e preconceituosas, tentando afastar o medicamento que lhe era oferecido por nímia misericórdia celeste.

E porque preferisse a condição de desventurado, em clima psíquico de pertinaz irritação, tornou-se fácil joguete dos inimigos desencarnados que o espreitavam e perseguiam, nele se estabelecendo dolorosa parasitose obsessiva que já o apoquentava, induzindo-o, hipnoticamente, a uma posição odienta entre todos, distante um passo da loucura total.

Inobstante, o incorruptível amor de Deus não o desamparava, como a ninguém deixa à mercê da própria sorte.

9 Expiação e prova[2]

Sofrendo a compulsão expiatória a que se submetiam, os familiares do Sr. Rafael e ele mesmo reconquistavam pela dor os recursos que a insânia os fizera malbaratar, com as decorrentes complexidades que se expressaram na perversidade e exploração que impuseram aos que lhes deveriam compartir os bens, em face das augustas determinações divinas...

Embora o olvido dos compromissos que resultaram nos atos nefastos, não se encontravam isentos da carga de culpas a alcançá-los como medida salvadora com que se enriqueceriam de bens morais para as provas futuras, as quais lhes avaliariam as conquistas.

---

[2] Nota do autor espiritual: "As vicissitudes da vida corpórea constituem expiação das faltas do passado e, simultaneamente, provas com relação ao futuro. Depuram-nos e elevam-nos, se as suportamos resignados e sem murmurar". Comentários de Allan Kardec à questão nº 399 d' *O livro dos espíritos*, 46. ed. FEB.

Muito natural que transitassem agora entre desassossegos, em expectativa de novas desesperadoras surpresas. Merece que se considere aqui a intuição que o Espírito conserva das expiações a que se deve submeter, vivendo à espera da ocorrência saneadora, o que já constitui um sofrimento.

Quando em estado de sono fisiológico, parcialmente lúcido, inteira-se do que lhe cabe ressarcir e anela mesmo pelos meios com que se pode liberar da constrição do remorso, ante a percepção dos gozos e venturas que o aguardam, cessada a pena de que vem depender. Em outros casos, roga que lhe antecipem a regularização das dívidas e a chegada dos sofrimentos, prometendo-se coragem e valor ante os sucessos dolorosos.

Graças a esse estoicismo da consciência que se dispõe a superar as circunstâncias aziagas da vida, haure a renovação dos recursos preciosos com que sustenta as encarniçadas batalhas com altivez e sem desânimo, tornando-se exemplo de abnegação e dignidade, estímulo para os que, facilmente, desfalecem nas lutas, mirando-se nos espelhos do seu heroísmo e erguendo-se sem o desculpismo nem a autocomiseração em que outros se apoiam para a queixa e a fuga.

Nesses momentos de sintonia maior com a responsabilidade, recebe do seu anjo guardião altas dosagens de emulação e vitalidade para não deperecer, sustentando pelos poderosos fios do pensamento um vigoroso intercâmbio com as nascentes superiores da vida, que regem os destinos humanos e os vitalizam no cumprimento das tarefas que lhes cabem realizar, mediante as lutas acirradas, os sacrifícios sobre-humanos, as renúncias hercúleas ou a realização dos empreendimentos da edificação humana, nas conquistas e nas sustentações dos ideais, nas ciências e nas artes, no pensamento e na fé...

D. Artêmis e Hermelinda, por procederem de estirpe espiritual elevada, pelos padrões de enobrecimento de que se fizeram credoras, dispunham de mais amplas possibilidades fora das limitações orgânicas e, portanto, fruíam de maior dosagem de forças morais para sustentar-se nas aspérrimas conjunturas que as alcançavam.

Fortemente sustentadas pela genitora de D. Artêmis, a Sra. Adelaide, que participava das equipes espirituais que dinamizam na Terra as esperanças e consolações do Evangelho, em nome do Cristo, esta reintegrara, ao desencarnar, as hostes a que se vinculava antes da reencarnação, podendo auxiliar as sofridas mulheres. Considerando-se ser um Espírito que completara seus programas cármicos, permanecia na condição de anjo tutelar, instando pela ascensão dos amores ainda imantados à retaguarda, que lhe cumpria impelir ao avanço, embora guindada à posição meritória em que se encontrava.

Na sua última experiência carnal, longe dos movimentados meios citadinos, descobrira, entre a gente simples do interior, excelente campo de trabalho em que materializara, pela vivência, as virtudes da fé e da caridade, tornando-se verdadeira mãe espiritual de homens, mulheres, crianças e velhinhos desvalidos, para os quais as arcas do seu amor estavam sempre abertas de par em par.

Sob sua inspiração, a fraternidade, na fazenda, substituíra a arrogância e o preconceito decorrentes das diferenças econômicas; a fé religiosa, espontânea e simples, aquecera os corações; o trabalho enflorescera as almas.

Não distinguindo entre os méritos dos seus e o dos filhos dos auxiliares, conseguiu imprimir na família o respeito ao próximo, em qualquer posição em que este se encontrasse, havendo transmitido aos descendentes, a par do exemplo vivo, as virtudes do coração de que D. Artêmis se fizera atestado inequívoco, sua legítima sucessora.

Hermelinda se lhe vinculava afetivamente por vida precedente, havendo nela os *plugs* da emotividade e da sintonia perfeita com que lhe recebia a inspiração.

Já o Sr. Rafael, Lisandra e Gilberto, profundamente emaranhados entre si pela trama dos sucessivos amores e desventuras que perpetraram e em que se mancomunaram, possuíam menos resistências morais, enovelados na expiação educadora, que a pouco e pouco os adestrava para cometimentos mais relevantes.

Passaram-se oito longos anos de comburência na dor, em que aqueles corações reagiam conforme a capacidade pessoal em relação à existência, quando Lisandra, cujo quadro psíquico apresentava sensível e contínuo agravamento, apareceu com os alarmantes sinais da hanseníase.

Consultado o Dr. Armando Passos e tendo-se procedido aos exames e à cultura, dissiparam-se as dúvidas ante a confirmação do diagnóstico fatal.

Lisandra contava 22 anos. Não era portadora de beleza física ou de magnetismo pessoal expressivo. Ao contrário, como resultado dos seus deslizes espirituais, dela emanavam vibrações desconcertantes que desagradavam, aos primeiros encontros, quantos lhe privassem da convivência.

Arredia, refugiava-se em tiques nervosos que lhe denotavam o desarranjo emocional. Pouco loquaz, tornara-se tímida, vivendo mais as contingências íntimas e as da família. Por isso, não fruíra das alegrias da mocidade, recolhida aos muros da desolação em que refundia a vida...

Não poderia ser maior o drama que a notícia produziu em D. Artêmis.

O médico, ora mais envelhecido, que acompanhava a dolorosa via crucis da família, externou à senhora sua profunda compunção.

— Posso atinar com o seu imensurável padecer — asseverou à venerável mulher, após a diagnose. — Em casos dessa natureza o internamento faz-se inadiável...

— Eu sei, doutor — redarguiu, sucumbida, a ouvinte, a tremer de emoção e dor —. Todavia, uma sombra de tragédia, agora maior, nos ronda e ameaça...

À instância do médico, realmente sensibilizado, confiou-lhe o pensamento do esposo rebelde, que seria o de se suicidar, se, um dia, viesse a descobrir o infortúnio da filha ou de outrem no lar, por julgar-se culpado da contaminação.

Não desejando apresentar uma imagem negativa do companheiro, era-lhe impossível, porém, naquela situação, ocultar a força do seu temperamento.

O médico, que o conhecia de perto, por acompanhar-lhe a problemática, na colônia, anuiu quanto à ameaça do paciente e genitor.

— Transferir Lisandra para outra cidade — apressou-se D. Artêmis a elucidar — será condenar-me à morte. Só a divina Providência nos sustenta neste demorado transe, e não sei quanto aguentarei. E ela, cuja saúde mental não é das melhores, como suportará sem sucumbir na loucura total, longe da nossa vigília e paciência?

A interrogação comovida, entre as lágrimas e superlativa dor, repercutia nas fibras íntimas do homem de ciência, então sinceramente condoído ante as vicissitudes do próximo.

Superados os dias das ambições e vencidos os trâmites das humanas vaidades, ele refundira os conceitos sobre a vida e tornara-se, verdadeiramente, um sacerdote da saúde, não mais um profissional mecânico junto aos pacientes.

Os anos que se dobraram sobre as suas experiências e o amadureceram no amor trouxeram-lhe regular cópia de decepções e sobrecarregaram-no com necessários e ingentes infortúnios, conforme são consideradas as provações pelos homens, quando um dos filhos fora vítima de terrível acidente automobilístico do qual saíra paralítico, por seccionamento medular, na região da coluna cervical, que lhe constituía motivo de constante preocupação e acendrado zelo.

Passados alguns minutos de silêncio, explicou, solícito, como irmanando a sua àquela angústia maternal:

— Há, na atualidade, e já de algum tempo, uma forte corrente científica que luta por não isolar o hanseniano, mantendo-o na convivência familiar. Sabemos que o contágio normalmente se dá no período da infância, ficando o bacilo inoculado por muito tempo. Como não há crianças em casa, poderemos examinar a possibilidade de utilizar a terapêutica de ambulatório, desde que a doente seja necessariamente mantida em compartimento à parte...

"Não posso afiançar-lhe que lograrei essa concessão. Prometo lutar por ela junto aos demais membros responsáveis pela prevenção e tratamento da lepra..."

Procurou reanimar a senhora, considerando a moderna terapêutica, graças à qual a enfermidade já se candidatava a ser flagelo do passado.

— O caso de Lisandra — asseverou —, denunciado pelas dores de que padecia há pouco tempo, era de natureza nervosa, e como não se apresentava em curso adiantado, talvez pudesse ser debelado com relativa facilidade...

Mostrou-se otimista e fraternal, conseguindo amainar a tempestade na mente e nos sentimentos da genitora da jovem.

Hermelinda, que a acompanhava incessantemente, completou as palavras do médico com a sua incondicional solidariedade e confiança em Deus.

Retornando ao lar, após os exames, informaram Lisandra quanto aos resultados e as benignas providências. Esta recebeu a notícia sob a dolorosa constrição de violenta crise, como já se esperava...

Combinou-se não notificar o fato ao Sr. Rafael, aguardando-se o tempo.

O Dr. Armando, dias depois, veio pessoalmente à residência da família martirizada informar que a paciente ficaria aos seus cuidados, em casa mesmo, obedecendo a um rigoroso programa que já traçara.

Com D. Artêmis, concordou em separar a jovem num amplo cômodo arejado, com janelas abertas para o quintal, mantendo somente os móveis indispensáveis e dando severas instruções que, sabia, seriam cumpridas integralmente.

Comprometeu-se, a seu turno, nada revelar ao Sr. Ferguson, senão quando o quadro pudesse sugerir um prognóstico menos sombrio ou liberativo.

Imediatamente, tomadas as providências cabíveis, Lisandra se internou na cela sem grades do lar, onde, de certo modo, já vivia semiencarcerada no lugar em que a justiça inderrogável e soberana a amparava entre os tecidos orgânicos em entumescimentos, resultantes da expiação e prova purificadoras de que necessitava.

10 Luz em noite escura

A sucessão dos dias restituiu à família, tragada pela fúria das provações, a passividade anterior, agora agravada pela nova enfermidade de Lisandra.

O Dr. Armando, fiel ao compromisso espontaneamente aceito, passou a assistir a jovem, na sua especialidade, surpreendendo-se com a sua boa disposição orgânica, em detrimento do seu equilíbrio psíquico. O quadro marchava para uma eclosão de loucura irremediável.

Sem nada informar a D. Artêmis, resolveu manter uma entrevista com o Sr. Rafael, de modo a prepará-lo para o que esperava ser, em futuro próximo, um desfecho fatídico. Saberia silenciar, no momento, quanto ao problema fisiológico, de modo a não trair o silêncio da atormentada senhora.

Na primeira oportunidade em que se encontrou na Colônia, mandou chamar o irascível Sr. Ferguson e, sem maior delonga, foi diretamente ao assunto, impedindo-o de armar-se de rancor.

— Não estou autorizado pela família — informou, conciso — para o que lhe vou narrar. Faço-o com a minha responsabilidade e consciência médica. Possivelmente, os seus aguardam que se modifiquem os estados atuais, poupando-o de dissabores... Talvez não se dêem conta da gravidade da questão...

— De que se trata, doutor? — interrompeu-o o enfermo, impaciente. — Seja franco.

— Sê-lo-ei. Refiro-me a Lisandra...

— Que lhe aconteceu?

— Está enferma mentalmente, a caminho de séria alienação. Desejo, porém, esclarecer-lhe que qualquer atitude violenta, irresponsável de sua parte, poderá acarretar seu desenlace, em lamentável estado, num manicômio. Procure refletir de forma edificante e benéfica, e contribua sem o egoísmo que o carcome.

"Tem-lhe escrito? Que lhe fala? Quais as esperanças que lhe transmite e as consolações que a ela e aos demais lhes dá? Não acuse a sua hanseníase de responsável pela distonia da filha, antes considere a sua própria posição, em face da enfermidade de que padecem algumas dezenas que aqui se encontram em regime de tratamento, sem se sentirem vítimas de desgraça maior do que a real ou de haverem gerado um caos no lar..."

Com energia, com autoridade, expressava verdades irretorquíveis que o paciente, até então, se recusava aceitar. Sob a injunção que o feria novamente, começou a atinar com o fracasso moral em relação aos seus, em face do orgulho que se permitia e da insensatez que o acompanhava.

Sem interromper a explicação, o médico prosseguiu:

— Não sei se o senhor faz uma ideia exata do martírio da sua esposa e dos seus filhos, carecentes de compreensão e ajuda moral, na travessia difícil do sofrimento que os junge, em longa estrada... O enfermo, normalmente, deixa-se esmagar pelo seu desaire e esquece de que aqueles que lhe compartiam a convivência permanecem, também, exauridos, obrigados a viver em expectativas rudes, como em privações dos afetos queridos. O isolamento não é somente de quem se recolhe ao tratamento pelo ingresso no hospital...

Tomei a deliberação de falar-lhe pessoalmente, porque não receio as ameaças habituais que muitos aqui proferem, a fim, também, de responsabilizá-lo pelos sucessos futuros...

— Ninguém nunca me falou assim — revidou, colérico.

— Pois é tempo de que alguém o faça. Aliás, isto é coisa que eu deveria ter feito antes, como responsável por esta instituição e pelo bem-estar de todos, e não apenas do senhor...

A imagem da filha num manicômio fê-lo estremecer. Deu-se consciência da leviandade, da falta de amor real para com a família. Viu, mentalmente, a esposa debilitada pela sucessão dos infortúnios, a irmã, o filho. Não sopitou as lágrimas. Recordou-se de que as suas cartas eram sempre portadoras de fel e veneno, jamais consolando-os a distância.

Humildando-se ante a presença da incorruptível mestra, a dor, inquiriu, com a voz embargada:

— É grave?

— Sim, na minha forma de encarar o problema. A insanidade em agravamento parece-me congênita, em atual processo de fixação.

— O choque com a minha doença a teria agravado?

— De certo modo. Todavia, não me parece justo inculpar-se pelo que ocorra com a família. Notava-lhe algo perturbador, anteriormente?

O Sr. Rafael fez um resumo das distonias de que a filha sempre fora vítima, ante a atenção do médico, que conhecia o caso, mas desejava liberar-se da responsabilidade dos seus atuais distúrbios.

A narração, repassada de sentimento, funcionava como proveitosa catarse, como um dreno psíquico.

Aquele homem de caráter difícil jamais expusera os seus problemas a quem quer que fosse, e, por isso, sem amigos, conselheiros ou diretrizes, emparedava-se nas opiniões infelizes, decorrentes das auto-análises tormentosas a que se impunha, sem uma clara visão ou, pelo menos, com imparcialidade, emocionalmente.

Cessada a narrativa, o Dr. Armando convocou-o a uma salutar mudança de atitude, induzindo-o à transferência de paisagem mental, prometendo-lhe ajuda e amizade.

Após despedir-se, o genitor de Lisandra saiu semicambaleante, com a alma em frangalhos.

— Rafael! — chamou-o alguém, no parque externo, com insistência.

Porque não respondesse, aproximou-se a pessoa e, espalmando-lhe a mão nas costas, indagou:

— Que se passa? Você está muito pálido. Alguma notícia de casa?

Ele ergueu os olhos e não se pôde dominar, explodindo a agonia ante a atenção de Cândido, que a Providência lhe encaminhara naquele momento crucial.

— Trata-se de minha filha Lisandra...

— Enfermou?

— Sim, da mente.

— Ora, meu amigo, onde está sua confiança em Deus? Já orou, rogando ajuda? Venha comigo...

Cândido segurou-o pelo braço e o levou à enfermaria, à sala de curativos. Cerrou a porta. Sentaram-se. Abrindo uma gaveta, dali retirou um livro.

— Eis aqui o meu enxugador de lágrimas — disse com grave acento na voz. — Trata-se de *O evangelho segundo o espiritismo*, de Allan Kardec. Abra-o, por favor, em qualquer lugar.

O Sr. Rafael obedeceu mecanicamente e devolveu a obra.

Cândido leu, com ênfase e unção, a página de luz que respigava bálsamo e conforto moral sobre o ouvinte sucumbido.

Cessada a leitura edificante, que carreou para o ambiente forças sutis do Mundo invisível, orou, pedindo-lhe que o acompanhasse em silêncio.

A prece, partida das nascentes do coração a fluir na direção do Pai, caldeava as energias puras das divinas Concessões e retornava como poderoso agente restaurador.

Ato contínuo, impelido pelo sadio desejo de ajudar, aplicou-lhe passes refazentes, após o que, gentil, interrogou:

— Então, como se sente?

— Sinto-me melhor, como jamais ocorreu comigo antes. Algo inexplicável infunde-me paz e fé, conforto, quase alegria, pela primeira vez, nestes tristes, demorados anos de minha existência.

— É o efeito da oração que refrigera, acalma e encoraja. A prece nem sempre modifica as coisas, todavia, sempre nos modifica, ajudando-nos a ver e entender os acontecimentos pelo ângulo correto, por meio do qual deve ser examinado. E isto é o que importa.

Não é válido que Deus nos afaste os obstáculos, quanto é sábio que nos dê meios para os afastar...

O silêncio se fez espontâneo. Quebrou-o o Sr. Ferguson com a solicitação:

— Pode emprestar-me esse tesouro? Hoje eu compreendo quanto necessito de uma segura orientação, que me tenho recusado até este momento. Talvez ele seja a solução para o que se passa comigo e com os meus.

— Será a solução, sim. Recorde-se, entretanto, de que tudo continuará como antes, ou, talvez, piore... Você, porém, verá tudo melhor, saberá os porquês das coisas, conhecerá as fórmulas da resignação e da coragem, que solucionarão as dificuldades que o maceram e lhe aumentam o fardo das atuais provações.

— Espero — disse, reticente — poder recomeçar a vida, diminuir as consequências dos meus erros, modificar-me, ajudar. Nesse momento experimento o desanuviar da minha mente. Parece-me que estou emergindo das sombras, atraído por poderosa e bela claridade...

D. Adelaide, mercê de Deus, fora a real autora daqueles sucessos oportunos. Inspirara o Dr. Armando e o conduzira, alentara-o na conversação e controlara o genro... Induzira Cândido a acercar-se do local, no momento, aproximando-o, e guiara a mão do enfermo ao abrir o livro, ajudando o enfermeiro na aplicação do passe restaurador.

Foi necessário que a dor volvesse a fustigar-lhe o espírito, em dimensão imprevisível, para que o Sr. Ferguson sacudisse dos ombros a carga revel que o dominava no reino das paixões inferiores.

Claro é que nele não se operou uma transformação miraculosa, nem seria justo que tal ocorresse. A vida prosseguiu trazendo-lhe a resposta das mensagens infelizes que redigira contra si mesmo, no passado, arruinando a vida de outros. Havia, isto sim, uma disposição nova que se lhe iniciava, suscetível de alterações, conflitos, mudanças de emoção e opinião, qual terapia homeopática de longo resultado, mas de seguro efeito.

Quando o homem se resolve mudar interiormente e deixa que lhe caiam dos olhos as escamas da cegueira moral, tem início a sua libertação. O tempo em que se demora retido decorre dos valores empregados na sua estruturação pelo erro ou na sua inversão para a felicidade.

Os feitos são os títulos que exornam o espírito. Condecorações ou pústulas insculpem-se no íntimo, aguardando o tempo. Constituem bênçãos ou gravames, conforme a origem que tiveram e o rumo que tomaram. São, sem dúvida, a própria individualidade intransferível, o próprio ser.

Não foi por outra razão que o Mestre, em socorrendo a todos que O buscavam, os incitava à mudança de comportamento, fixando cada qual no amor, para poupar-lhes ocorrências piores do que aquelas de que se vinham libertar.

O homem beneficia-se do auxílio divino, tendo diminuídas as suas aflições neste ou naquele campo, todavia, somente se libera dos erros quando os resgate, na redenção pela dor ou na ascensão pelo amor, mediante o bem que faça, necessária a reparação suscitando adquirir dignidade perante a vida que defraudou, ante a consciência pessoal que explorara... Indispensável, portanto, crescer na realização enobrecida, a fim de manter-se em paz pela rota evolutiva.

O chamamento dos céus à responsabilidade e ao dever maior, no ápice dos sofrimentos, conseguia sugerir ao Sr. Ferguson mudança de atitude mental e íntima como, também, imperiosa condição de autoexame e melhor comportamento, com que se enriqueceria de recursos positivos para os cometimentos do amanhã, desde a noite, por onde deambulava em desalinho, agora clareada por diferente luz de entendimento.

11 A terapia da verdade

O abalo moral que a notícia da alienação de Lisandra produziu no Sr. Ferguson levou-o ao leito. O sistema nervoso, desgovernado por muito tempo, não suportou a carga do desespero, causando-lhe transtornos psíquicos e físicos.

A hanseníase, cujos fatores predisponentes se concentram nos recônditos do espírito culpado, ao desconcerto da emotividade que depauperou o organismo, fez-se mais danosa, aumentando o processo degenerativo das células, com resultados dolorosos. Sem encontrar forças para a recomposição interior, deixou-se sucumbir pelo desalento.

Não se podia isentar de culpa.

A irascibilidade, por muitos anos não disciplinada, cedia lugar ao pessimismo, fruto da revolta incontida.

Embora estagiando numa escola de sofrimentos severos, onde outros aprendizes os expungiam sob mais rigorosa imposição, nunca se concedera oportunidade, na colônia, de sair de si mesmo para distender a solidariedade da afeição, tentando minimizar os efeitos contundentes do que considerava desdita, ouvindo ou sentindo os problemas dos demais. Fechara-se na concha de aço do egoísmo, qual se fosse um inocente inditoso, colhido pela artimanha das leis da impiedade.

O egoísmo, sem dúvida, é a sórdida masmorra dos orgulhosos, que a preferem até quando a alucinação os vence, e, somente em frangalho, se deixam retirar dos sítios em que a cavilosidade pessoal os aprisiona.

Num reduto de sofrimentos coletivos sempre há alguém mais vencido que necessita de auxílio fraternal, em cujo cometimento o benfeitor se transforma numa fímbria de luz, esparzindo esperança. E enquanto conforta, consola-se; ao iluminar, clarifica-se.

Vitalizando sombras, mergulhou-se o genitor de Lisandra em lôbrego calabouço.

A paciência de Cândido e sua abnegação fraternal, sustentadas pela fé, instaram com o enfermo no sentido da autorrenovação. Passados os primeiros momentos da cariciosa aragem espiritual, experimentada após a prece e o passe, não mais se animara a voltar a ler o *Livro da vida.*

Na contingência adversa que o afligia, em demorado curso, o Sr. Rafael tombara nas ganas de ardilosa vingança que lhe impunham as vítimas do passado, especialmente uma delas, ora em *hospedagem* psíquica de caráter obsessivo.

Utilizando-se da conjuntura do impositivo da evolução, que alcança os seus defraudadores, a entidade perniciosa comprazia-se em inspirar-lhe ódio contra si mesmo, produzindo evocações mentais perturbantes e interferindo, psiquicamente, pela fixação monoideísta na sua mente de que era um desgraçado, um réprobo a caminho de uma desventura maior e sem termo.

A instilação perturbadora do pensamento odiento do perseguidor já interferia no comportamento mental do paciente que, não raro, se dava conta de manifestas agressões, em debates no campo interior, com que mais se agravava a irritabilidade e o ensimesmamento. Simultaneamente, o "complexo de culpa" dos erros pretéritos constituía atroz indução à manutenção do mau humor e da falta de estímulos, para a aquisição da paz íntima que, afinal de contas, sabia no inconsciente não a merecer.

O adversário oculto do Sr. Ferguson era cúmplice do inimigo de Lisandra, com quem concertava planos de animosidade e acendrada vindita. Ambos foram vitimados antes por astucioso plano e pela pusilanimidade dos atuais ressarcidores, não os perdoando e engrossando as fileiras de outros prejudicados, que ora exigiam, pura e simplesmente, uma justiça rápida, fulminante. Melhor armados intelectualmente, os verdugos chefes da malta odienta estabeleceram um desforço lento, mediante o qual pretendiam saciar-se na sede de vingança premeditada.

Nas crises, agora amiudadas, Lisandra estrugia de horror quando "ouvia" o chamado da sua vítima, irrompendo, pelo pensamento em desalinho, a clamar por justiça, em face da clemência que lhe fora negada. "Via-o" e "ouvia-o" em situação terrificadora, não suportando a irrupção da sua presença mental, fugindo, em desvario, pela crise epiléptica, conforme o quadro clássico produzido pelos focos do lóbulo temporal da delicada máquina encefálica.

Com o genitor, porém, o quadro assumia outro aspecto. A mente invasora insinuara-se sutilmente no hospedeiro, provocando uma quase perfeita identificação, mediante a qual o cérebro do enfermo tanto registrava a voz de comando do encarnado como a do desencarnado, já agora vencendo as últimas resistências daquele.

Em face do quadro múltiplo das auto-obsessões, das obsessões simples e complexas como das que se manifestam em áreas mistas de alienação por interferência espiritual, a contribuição do enfermo é imprescindível, quanto relevante. Sem que este produza, a esforço hercúleo que seja, uma mudança de atitude mental com a execução de um programa edificante, no qual granjeie simpatia e solidariedade, credenciando-se a ser auxiliado, qualquer ajuda de outrem redunda quase sempre nula. Não havendo uma forte predisposição interior do enfermo — e em casos dessa natureza o paciente sempre se escusa ao esforço, justificando-se estar contribuindo com o máximo, em razão da vontade viciada, da falta de persistência no bem e da ausência de crença robusta em Deus — os estímulos de fora produzem efeito positivo, porém, transitório, porque não logram romper as vibrações densas do desculpismo e da autopiedade, da revolta sem palavras e da ira que destila, em cujas armadilhas se refugia.

Providencial como terapêutica inicial, é por meio da leitura evangélica que o espírito se irriga de esperança e se renova, abrindo verdadeiras clareiras e brechas na psicosfera densa que elabora e de que se nutre, a fim de que penetrem outras energias benéficas que o predisporão para o bem, de intervalo a intervalo, até que logrem modificar a paisagem interior, animando-se a investimentos maiores. Neste capítulo, é comum encontrar-se largo número de obsidiados em diversos graus de alienação que asseveram não poder ler, por se verem vencidos por incoercível letargo que os toma ou por impossibilidade total de entenderem o conteúdo das leituras que lhes são recomendadas.

Merece considerarmos que, em alguns casos, o amolentamento, a falta de discernimento e a não fixação do conteúdo da leitura procedem da falta do hábito salutar e da convivência com os bons livros. A mente viciosa, indisciplinada, acostumada ao trivial, ao burlesco e ao insensato, se recusa atenção e interesse no esforço novo.

Conveniente, desse modo, insistência e perseverança.

Leiam-se pequenos textos e façam-se acompanhar as leituras de subsequente reflexão da parte examinada; tente-se a memorização, a anotação como exercício gráfico, por meio do que se não conceda, porém, à mente, a ociosidade nem a escusa de nada conseguir nesse capítulo.

Asseverou Jesus, com muita propriedade, ao pai do epiléptico que lhe rogava ajuda, conforme se lê em *O evangelho segundo Marcos*, no capítulo 9, versículo 23: "Se podes! Tudo é possível àquele que crê". E, interferindo junto ao Espírito obsessor, retirou-o do jovem, restituindo-lhe a saúde.

O crer não pode ser tomado como uma atitude estática ou estanque, em que se aguardam resultados, parasitariamente. Decorre a crença de uma posição dinâmica, atuante em torno da vida, graças a um esforço bem dirigido, com o qual se conseguem resultados opimos. Em razão disso, asseverou o apóstolo Tiago: "Assim também a fé, se não tiver obras, por si só está morta."[3]

---

[3] Nota do autor espiritual: TIAGO, 2:17.

Casos outros ocorrem em que o mal-estar, que provém da leitura evangélica, conforme muitos asseveram, é produzido, ora pela exsudação das altas cargas pestilenciais, aspiradas pelo longo processo obsessivo, enquanto se modificam e depuram os centros da razão viciada, mudando-se os clichês mentais perniciosos, ora em face da hábil técnica da hipnose de que se utilizam os perturbadores desencarnados, que sabem irão encontrar na renovação psíquica da sua vítima os antídotos à sua pertinácia infeliz, alienadora. Pela forma conforme interferem na vontade doentia do paciente, induzem-no ao desinteresse, distraem-no, interpondo-se no plano do raciocínio, inspirando receios injustificáveis ou adormecendo-os.

E, quando logram vencê-los pelo sono desagradável, auxiliam no desbordar das lembranças em que se acumpliciaram nos erros, produzindo sonos e pesadelos apavorantes ou, ainda, assomam à recordação, defrontando-os no parcial desprendimento, com que mais os atemorizam. Quase sempre conseguem o triunfo, por ser mais fácil ao obsidiado recuar, ceder no esforço da própria edificação, do que perseverar no empreendimento libertador.

Especialmente em ocorrências dessa natureza, a leitura edificante, evangélica e espírita, é o medicamento eficaz, imprescindível a uma pronta conquista de resultados salutares. Outrossim, pelo mesmo processo com que o pensamento obsidente atua sobre o médium em processos obsessivos — e todo paciente que experimenta tal alienação é um médium em desequilíbrio de forças psíquicas — as construções mentais, as ideias deste são assimiladas pelo hóspede indesejável, resultando, muitas vezes, na evangelização do perseguidor, que também se modifica à instância dos preciosos ensinos que lhe chegam.

Fato análogo ocorre na evangelização, por meio da psicofonia atormentada.

Além da leitura, a oração revigorante é o tônico de que se devem utilizar os pacientes de todo jaez, daí partindo para as realizações superiores da vida.

Mesmo nos casos da obsessão por subjugação, a terapêutica do esforço pessoal do enfermo é valiosa. Não obstante, com os comandos da vontade dominados, a doutrinação que recebe o desperta para o trabalho que deve realizar a benefício de si mesmo, irrigando a mente com a esperança da libertação que iniciará de dentro para fora.

Nesses casos, o auxílio de outrem, oferecendo palavras de reconforto, lições de estímulo otimista, lene o coração e suaviza o atendimento espiritual, conclamando-o ao controle e governo das peças e implementos do precioso corpo com que a Divindade o enriquece para a bênção da evolução.

A psicoterapia espírita evangélica é fator essencial para o reequilíbrio de qualquer alienação, mesmo nos casos específicos estudados pela Patologia médica e que constituem os notáveis capítulos das modernas "ciências da alma".

Disso sabia o verdugo do Sr. Ferguson, que, de pronto, o fez desinteressar-se pela leitura de *O evangelho segundo o espiritismo* , inspirando-o a reagir contra a bondade e a paciência de Cândido.

O enfermeiro, porém, que conhecia a técnica persistente de que se utilizam os "vingadores do além-túmulo", não descoroçoou.

Sem a insistência que irrita, porém, com a perseverança que conforta, não adiou o auxílio espiritual ao enfermo da alma, instando para que reagisse e emulando-o ao dever de ajudar os familiares, que, mais do que nunca, necessitavam da sua palavra e do seu conforto moral.

O verbo sincero e generoso terminou por encontrar ressonância no paciente rebelde. Num diálogo honesto, este revelou ao espírita a razão de um conflito que o macerava.

Amava a filha — afirmou comovido — e, apesar disso, experimentava estranha sensação de prazer por sabê-la quase louca, ao mesmo tempo martirizando-se em face da notícia do seu desequilíbrio. O sentimento desencontrado não lhe era novo. Sufocava-o, no entanto, sempre lhe volvia perturbador, inquietante. Como entendê-lo?

Cândido, que anelava por um momento de abertura para informações mais amplas, não adiou o ensejo.

— Como você compreenderá mais tarde — esclareceu com tranquilidade —, as nossas vidas se entrelaçam umas com as outras, num mecanismo demorado e complexo, oferecendo-nos ensanchas múltiplas, em experiências físicas muito variadas.

"Jesus, respondendo ao Doutor da Lei, que o inquirira sobre o necessário para entrar no reino dos Céus, conforme se lê no diálogo narrado por João, foi peremptório: 'Em verdade, em verdade vos digo, que se alguém não nascer de novo, não pode ver o reino de Deus.' (3:1 a 15). O interlocutor de Jesus surpreendeu-se. A resposta, clara e objetiva, não deixava margem a dúvidas, no entanto, intrigado, voltou a interrogar: 'Como pode um homem nascer, sendo velho? Pode, porventura, entrar novamente no ventre de sua mãe e nascer?'

"É evidente, conforme se depreende da nova indagação, que ele compreendera a resposta. Apesar disso, reafirma Jesus: 'Em verdade, em verdade vos digo, que se alguém não nascer da água e do Espírito, não pode entrar no reino de Deus.' E conclui: 'O que é nascido da carne é carne; e o que é nascido do Espírito é Espírito. Não vos maravilheis de eu vos dizer: É-vos necessário nascer de novo'. O ensino não comporta equívocos. Jesus referiu-se à reencarnação, às diversas vidas por que passa o Espírito, a fim de moldar a própria perfeição.

"Doutrina conhecida desde a mais remota antiguidade, identificada pelos gregos sob o nome de Palingenesia, é a mais coerente e lógica resposta aos múltiplos problemas humanos: morais, sociais, econômicos, físicos, raciais. Considerada a Justiça divina na sua legítima posição, a reencarnação a expressa, ensejando a cada qual sua dita ou desgraça, impelindo sempre ao avanço, à ascensão".

O enfermeiro, visivelmente inspirado, silenciou, a fim de melhor coordenar as ideias e filtrar com mais clareza o pensamento que o dominava.

O Sr. Rafael, que nunca tomara conhecimento de tão elevada filosofia moral, interessou-se pela argumentação, desatrelando-se da indolência e da amargura, qual a flor em botão, fechada em si mesma, respondendo ao apelo do Sol.

Dando curso ao esclarecimento, prosseguiu:

— As religiões derivadas do Cristianismo, que ensinam a unicidade das existências ou das vidas, tais o Catolicismo e o Protestantismo nas suas várias ramificações, interpretam a lição, elucidando que o "nascer de novo" se dá por meio do batismo, o que não corresponde à legitimidade do texto, que surpreende Nicodemos, o fariseu, que era senador dos judeus, homem culto e versado nas leis e conhecimentos do seu tempo.

"Inicialmente, comentemos que os povos antigos acreditavam que a Terra houvera saído das águas, conforme se lê em *A gênese*. Supunham, portanto, que todas as coisas físicas tiveram sua origem nas águas, passando estas a ser o símbolo dos corpos. Desse ponto de vista, o ensino refere que o corpo gera outro corpo, mas só o Espírito produz outro Espírito, independendo, portanto, do corpo.

"Taxativamente é necessário renascer com o corpo e o Espírito. Completando o ensino precioso, conclui o Mestre: 'O Espírito sopra onde quer; ouvis a sua voz, mas não sabeis donde vem nem para onde vai; assim é todo aquele que é nascido do Espírito.'[4] Ora, a lógica nos afirma que o Espírito é livre do corpo, preexiste a este e a ele sobrevive, ninguém sabe o que foi, não prevê o que será. Se houvesse, como afirmam aquelas religiões, sido criado com o corpo, saber-se-ia como começou e qual o seu próximo, imediato fim, conhecendo-lhe o princípio, o começo.

"Todavia, as ciências modernas viriam demonstrar, ainda mais, a força da lógica, na argumentação apresentada por Jesus. Por meio da Embriogenia, sabemos que a partícula fecundante, o gameta masculino, é uma 'gotícula d'água' — o espermatozoide — e o gameta que se deixa fecundar — o óvulo — é outra 'gotícula d'água'. A ambiência, a princípio, no ovo, é aquosa e, à

---

[4] Nota do autor espiritual: JOÃO, 3:1 a 15.

medida que o feto se desenvolve, se nutre e se mantém, resguardando-se graças ao líquido amniótico, estrutura a carne... Será necessário examinar mais o assunto?

"Além disso, o bom senso nos faz inferir, diante das disparidades sociais, dos desajustes familiares, dos graves problemas morais, das expressões teratológicas, das diferenças entre os gênios e os primários, da penúria econômica, das simpatias e antipatias, das animosidades incompreensíveis, dos ódios entre genitores e filhos, das enfermidades de longo curso, que são todas essas ocorrências a colheita dos frutos decorrentes da sementeira pretérita de cada um..."

Novamente Cândido silenciou.

D. Adelaide, que participava em espírito da conversação, recorreu ao instante precioso para levantar o ânimo do enfermo e despertá-lo para as experiências novas da vida, aplicando-lhe recursos magnéticos e fluídicos refazentes.

— A digressão — continuou o enfermeiro, levemente comovido —, que o senhor compreenderá melhor de futuro, tem o objetivo de elucidá-lo na questão proposta.

"Não padece dúvida de que o senhor e a sua filha não realizam nesta vida uma experiência pela primeira vez. Viandantes dos caminhos do tempo, comprometidos negativamente entre si e em relação a outrem, recomeçam, agora, para resgatar, reconsiderar atitudes e recomeçar na lide do bem...

"Na problemática das suas rigorosas e doridas enfermidades, estão presentes as raízes de erros graves e danos igualmente severos com que se esquivaram do valor e da honradez".

— Que poderei fazer, levando em conta seja isto verdade? — inquiriu o ouvinte com sinceridade.

— Nossa destinação é a felicidade — redarguiu Cândido —. Sempre é tempo de ressarcir dívidas e produzir títulos de merecimento. De início, mergulhe o pensamento na prece e estude o *Evangelho* que lhe confiei, passando depois a outras obras que lhe darão a dimensão das responsabilidades que nos dizem respeito, informando sobre o mecanismo das nossas realizações presentes e futuras. Comece pela renovação íntima exercitando a humildade... Não esqueça que Deus é o Pai magnânimo e misericordioso. Tudo que nos ocorre obedece a leis sábias que, embora nos escapem nas suas causas, se encarregam de lapidar nossas imperfeições.

"Aproveitemos o momento para orar, dando início à sua nova fase".

Murmurada com unção no quarto singelo do enfermo, a prece ditada pela mente inspirada de Cândido vertia bênçãos, no momento em que rogava pelos demais enfermos, por todos os sofredores da Terra...

A oração é sempre o fio invisível e sublime pelo qual a alma ascende a Deus, e o Pai penetra o homem.

12 Novos e abençoados rumos

O Dr. Armando Passos sabia que atingira a meta almejada, ao comentar com o paciente os problemas e angústias que lhe afligiam a família. Percebera a força, o impacto da notícia que passaria a macerá-lo. No entanto, estava ciente de que adiar informações redundaria em tornar mais complexa e difícil a tarefa para o futuro.

Na primeira oportunidade em que fora visitar Lisandra, atento à natureza delicada do assunto, deu ciência à Sra. Artêmis apenas do distúrbio psíquico da jovem, preparando-a para porvindouras complementações, conforme o desdobramento do caso. O generoso esculápio procurou acalmar a veneranda sofredora, tocado de verdadeira unção evangélica.

O sofrimento consegue unir as criaturas que lhe experimentam o impositivo, irmanando-as. Dá-lhes uma visão de profundidade em torno da vida e reveste-as de resignação, digna tranquilidade que se converte em vitória pessoal sobre as vicissitudes.

A hanseníase em Lisandra, sob a cuidadosa terapêutica, dava mostras de estacionamento, com possibilidades de regredir em pouco tempo. Ao constatá-lo, o médico alentou, com a esperança de que todos temos necessidade, a ansiosa genitora e a devotada Hermelinda. Embora sabedoras de que prognósticos precipitados raramente se confirmam, as duas mulheres, em júbilo espontâneo, não puderam sopitar as lágrimas.

Afinal, a alegria que conforta diminui a carga da amargura que asfixia o coração. Depois de vários anos em que o infortúnio perseguia a aflição, revezando-se naquele lar, pela primeira vez lucilavam esperanças alvissareiras. O pão que restaura as forças do sofredor deve ser preparado com o fermento do otimismo, a fim de nutrir interiormente.

Caso a filha se recuperasse — pensou a senhora —, não seria necessário notificar o genitor, que, ignorando o tipo de pesadelo que mortificava os familiares, teria diminuídas as próprias penas.

Nesse comenos, Cândido passara a oferecer mais ampla assistência espiritual ao seu pupilo na Colônia. O enfermeiro, portador de sensibilidade, sabia-se *interexistente*, percebendo os comandos do Mundo espiritual em direção às esferas físicas. Registrava pela intuição aguçada o drama precedente que envolvia os

Ferguson e, simultaneamente, experimentava a propelência de entidades espirituais superiores interessadas no auxílio ao hanseniano. Aprendera a transitar pelo *fio da navalha* entre os homens e os Espíritos, conseguindo, pelas disciplinas morais e evangélicas a que se impunha, o êxito esperado em tarefas de tal relevância.

Assim, deixava-se, docilmente, conduzir ao enfermo e não se cansava, dirimindo dúvidas, elucidando interrogações, ampliando informes, oferecendo luzes novas ao entendimento limitado do amigo não afeito às reflexões espirituais. Lentamente, graças à lógica e robustez dos postulados espíritas, a par da quota despendida pelo expositor, em paciência e fraternidade, o Sr. Rafael assimilava a Doutrina Libertadora com a mente e os sentimentos, procurando incorporá-la ao dia a dia da existência.

Naturalmente, ante os propósitos de modificação espiritual, os inimigos desencarnados aumentaram o cerco nos painéis mentais do antigo sicário, que, advertido antecipadamente pelo amigo e benfeitor, mesmo sofrendo, passou a armar-se com a vigilância e a prece.

— Técnica soez nos problemas obsessivos — esclarecera Cândido em ocasião própria —, é a usança de artifícios falsos, de que se servem os perseguidores invisíveis, resguardados pela desencarnação. Quando o seu hospedeiro se volta para os propósitos superiores e se impõe os princípios evangélicos de renovação, passam a agredir violenta, desapiedadamente as suas vítimas, a fim de fazê-las duvidar do resultado da terapêutica nova, induzindo-as à desistência, sob a alegação de piora no estado em que se encontravam.

"Ao conseguirem trégua aparente, mascarando a sintomatologia infeliz e fazendo crer na melhora, como decorrência do afastamento do compromisso recém-assumido. Quando o invigilante se supõe livre, eis que retornam os agressores mais solertes, vigorosos e pertinazes, dominando, inexoravelmente, os que lhes padecem a conjuntura perniciosa".

Perfeitamente compreensível que tal ocorra, tendo em vista que a melhor forma de escravizar alguém ainda é manietá-lo à ignorância, mantê-lo no obscurantismo no qual se transita sempre com dificuldades crescentes.

Não obstante a forma como os irmãos infelizes do além-túmulo agem em relação às suas vítimas, também investem, simultaneamente, contra os que lhes distendem mãos amigas, provocando a irrupção de problemas no lar, no trabalho, na rua, com que objetivam descoroçoar o ânimo desses abnegados agentes da caridade e do amor. Atiram-lhes petardos mentais com que pretendem penetrar a fortaleza interior; inspiram desânimo; empestam a psicosfera de que se nutrem os lidadores da solidariedade; utilizam-se de pessoas frívolas, que lhes servem de instrumentos dóceis; despertam sentimentos contraditórios;

açulam paixões... Tudo fazem por instalar a dúvida, criar áreas de atritos, impondo, quando possível, sucessão de acontecimentos desagradáveis. Programam conversações doentias e telecomandam comentários deprimentes, tais como: "todo aquele que se envolve com a prática do bem, somente recebe ingratidão"; "enquanto se trabalha no programa da caridade, as coisas dão para trás"; "embora ajudando-se com dedicação, não se recebe ajuda"; "os maus progridem e os bons, interessados na melhora e progresso dos seus irmãos, sofrem, incompreensivelmente"...

Alguns trabalhadores, pouco adestrados ao culto dos deveres de enobrecimento, agasalham essas ideias perturbadoras, deixando-se desanimar ou intoxicando-se pela revolta que delas decorre. Não lhes passa pela mente que todos mantemos vínculos de sombra com a retaguarda e que nos acontece somente o que merecemos ou a nossa insensatez engendra.

As provações, em qualquer circunstância, constituem aprendizado valioso e desconto de títulos em débito, postos em cobrança no transcurso da oportunidade melhor com que mais facilmente se libera o homem das responsabilidades negativas, inditosas. Sempre bênçãos, não podem ser tomadas à conta de punição ou experimentação divina para testar a frágil resistência humana...

Outrossim, desde que ninguém jornadeia à mercê do acaso, sujeito a ocorrências de dor e sombra sem que as mereça, é fácil compreender-se que os credenciados pelo esforço pessoal ao serviço edificante recolhem maior quota de ajuda, conforme o ensino evangélico de que "mais recebe aquele que mais dá".

Naturalmente, os benfeitores espirituais, interessados na ascensão dos seus tutelados, veem, identificam as graves teceduras das redes de que se utilizam os maus, não ficando inermes, nem os deixando à própria sorte. Enquanto sabem que toda aflição bem recebida produz conquista de relevo para quem a aceita de bom grado, reconhecem que a dor defluente da obra do amor propicia maior soma de aquisições, impulsionando com facilidade a sublimação dos propósitos e a liberação do passado.

A pedra lapidada fulge e o pântano drenado se adorna de flores.

Sem embargo, esses abnegados mensageiros alentam os que com eles sintonizam; resguardam-nos do mal, induzem-nos à perseverança no trabalho da autoiluminação; sustentam-lhes a fé; promovem encontros circunstanciais edificantes; conduzem-nos a esferas de luz e a escolas de sabedoria, quando ocorre o desprendimento parcial pelo sono; dão informações preciosas; irrigam a mente que se torna fértil de ideias elevadas; produzem euforia interior... Não afastam, porém, os problemas nem as lutas, por saberem que, por meio de tais, melhormente se purificam e elevam...

Como a Terra é também preciosa escola, tudo se transmuda em ensinamento, em cuja conquista se devem investir todos os valores possíveis.

Dessarte, o combate agora se travava mais rigoroso, em face do interesse dos inimigos do Sr. Rafael por mantê-lo encarcerado na animosidade, na ignorância de que se evadia à instância do Espiritismo.

Da mesma forma, Cândido se revestia de maior vigilância, já que, no trabalho de socorro desobsessivo, direta ou indiretamente, aqueles que se envolvem são convidados a se preservarem em recato espiritual e prece, com cuidados especiais.

Os mesmos ardis tenebrosos eram concertados pelos adversários de Lisandra, que, todavia, ante a assistência direta da genitora, hauria forças morais, em se considerando a sua hierarquia e ascendência espiritual.

As boas novas sobre o estado da filha fizeram-na diminuir as tensões, dissipando as carregadas sombras em que se envolviam suas preocupações.

À hora do repouso, sentindo-se quase jubilosa, antes da prece habitual, debruçou-se no peitoril da janela do quarto humilde, por onde olhava o amplo quintal arborizado, fronteiro ao da filhinha enferma, e, aspirando o ar balsâmico da natureza, deixou-se arrastar pela magia das recordações...

A noite tranquila, estrelada, constituía-lhe um convite divino àquele momento.

Opressa por desconhecida saudade, uma melancolia profunda provinha-lhe dos recônditos do ser, parecendo-lhe transcender aos limites físicos. Mesmo assim, recolheu das lembranças, sem qualquer amargura, as evocações mais pungentes com serena postura íntima.

Não acalentava nenhuma forma de revolta nem se considerava inditosa. Sabia que o esponsalício como a maternidade são compromissos santificantes, por meio de cujas responsabilidades a mulher, especialmente, se eleva e sublima os sentimentos.

Na conjuntura oportuna, afirmava-se a ausência de arrependimento pelos deveres assumidos e a disposição de que, se lhe fosse lícito tudo recomeçar, novamente se candidataria ao mister, confiante em Deus e tranquilamente.

Àquela hora, as aflições lacerantes encontravam-se diminuídas, permitindo-lhe que a soledade, somente esta, lhe pungisse a alma sensível. A singular sensação doía-lhe e, ao mesmo tempo, lenia-a, como se acompanhada de uma certeza intuitiva de que volveria ao lugar donde proviera mais harmonizada e mais feliz...

Não se dava conta do suceder das horas, naquele estado de espírito, no qual se rompem as barreiras objetivas e as esferas metafísicas se dilatam, permitindo a quem se credencia vadeá-las adentrar-se nos domínios de vibrações que lhe são inusitadas, impossíveis mesmo de definição, e donde retorna renovado por cargas de poderoso magnetismo e de energias restauradoras.

Alguns momentos de vivência psíquica, nesses abençoados oásis de paz e saúde espiritual, produzem mais benefícios e opimos resultados do que os habituais períodos de estações hidrominerais, de recreações habituais entre os homens...

Inefável bem-estar apossou-se da senhora, que se recuperava com o concurso do silêncio exterior e recebia o salutar vigor que lhe provinha da meditação. Inebriada, pela primeira vez orou sem palavras, agradecendo ao Pai criador a fortuna do momento e as dores de todos os dias.

As lágrimas que transpunham a comporta dos seus olhos antes procediam dos júbilos infinitos do momento, que de qualquer sofrer contido.

Automaticamente, desejando alongar a dádiva e fixá-la para sempre na alma, recolheu-se ao leito com cuidado, como receando quebrar a delicada ponte que a mantinha naquele abismo de felicidade. Tão logo o fez, adormeceu, magnetizada pela mãezinha, ali presente, responsável pelas graças hauridas, que criara a psicosfera ambiente e a impregnara de fluidos superiores, a fim de ajudá-la a transpor as barreiras e as densas vibrações que se interpõem entre o mundo físico e o espiritual, dificultando o acesso dos que aqui transitam, na direção daquele.

Muito cômodo, portanto, foi para D. Artêmis, provida de forças psíquicas, desvincular-se do corpo por meio do sono, custodiada pela vigilante e nobre genitora. O desprendimento superior não lhe era um tentame novo. Vivendo mais para o dever, para o espírito, com débeis fixações materiais, fácil lhe era, durante o repouso, afrouxar os liames que retêm o espírito ao corpo e correr, célere, na busca dos interesses da esfera imaterial. Desta vez, porém, deveriam ficar impressos nos painéis da memória quanto ocorresse, a fim de se transformar em lembranças ditosas, a confortá-la pelos dias sucessivos.

Logo se desembaraçou das forças densas da carne, defrontou a veneranda Sra. Adelaide, num recinto em luz, florido e belo, não sopitando as exclamações de surpresa e felicidade. As palavras empalidecem o significado, quando se propõem definir as emoções elevadas do espírito.

— Louvemos o supremo Pai, antes de outro procedimento, filha querida — convidou a entidade ditosa. O nosso permanente amor jamais esteve interrompido nestes anos todos. Temos estado juntas, embora nem sempre te possas recordar.

— Quanta dorida saudade, mamãe!

— Eu o sei. Também eu a sofro.

— Aqui, no Céu, onde você se encontra, a saudade faz morada?

— Não nos encontramos no Céu, querida. Não o merecemos. Ainda estamos na Terra, e os círculos de luz onde muitos seres felizes operam, no ministério de ajuda aos homens, estão longe de ser o Paraíso, que nenhum de nós, por enquanto, merece. Mas, onde está o amor presente, a saudade dos seres amados não se distancia. A diferença é que, entre nós, os desencarnados, que já possuímos responsabilidade em face da lucidez quanto aos nossos compromissos, não nos deixamos azorragar pela amargura nem pela rebeldia. Aprendemos a esperar em confiança e a amar sem exigência ou precipitação.

— Não consigo esquecê-la. Em todas as minhas rudes agonias, acompanhando minha filhinha vergastada pela morfeia e a caminho da loucura, lembro-me, chamo por você, com o coração a explodir de angústia superior às minhas forças.... Tão débil é a minha menina, no entanto, a despedaçar-se, qual uma flor em botão que não logrou desabrochar, e já o vendaval a estiola...

— Ouço-te chamando-me e misturo as minhas com as tuas e as preces da nossa querida Hermelinda, filha, também, pelo coração. Abraçamo-nos nessas horas e refundimos nossas forças em Jesus e na proteção de nossa augusta Mãe Maria, suplicando coragem, paciência e fé, a fim de podermos prosseguir no dever até o momento final, quando se conclua a provação e, unidas, ascendamos felizes.

"No mesmo carinho envolvo Gilberto e Rafael, nossos diletos, sofridos filhos".

— De fato! Não fosse a presença de Hermelinda ao meu lado e eu já haveria tombado na luta sem quartel...

— Por isso, suplicamos ao Senhor que a encaminhasse ao nosso lar, conseguindo a aquiescência que não merecemos, por falta de valores que sabemos não possuir.

— Punge-me a incontida saudade, a ausência do esposo, a impossibilidade de vê-lo, de ouvi-lo, de poder consolá-lo, conforme se nos impôs em tácita proibição.

— Tudo, porém, minha filha, é "possível àquele que crê" (Marcos, 9:23). A saudade incontida, que convertemos em dor resignada, procede de te encontrares na Terra, em exílio purificador, que solicitaste, a fim de liberares velhas dívidas junto àqueles que hoje te compartem o lar.

"A alma que se vê agrilhoada aos humanos limites recorda, inconscientemente, os dias ditosos e a região amena cá existente, onde fruía ventura, e se entristece, ignorando a razão. Essa saudade, sem embargo, constitui emulação para que se rompam as grades da gaiola estreita e se possa voar de volta, quando já não existam amarras nem ligaduras fixando à retaguarda... Esse dia soará breve para ti, para nós todos que desejamos perseverar nas disposições redentoras, elevadas".

Após uma breve pausa, deu prosseguimento, com inesquecível tom de voz:

— Vimos suplicando à Mãe Santíssima e a seu Filho amado que nos ensejassem esta hora, a fim de conduzir-te ao encontro do nosso Rafael. Em face da superior anuência, aqui nos encontramos.

Nesse momento, qual recém-operado que se encontrasse semianestesiado, deu entrada na sala acolhedora e festiva o Sr. Rafael, em parcial desdobramento pelo sono fisiológico.

Conduzido a um assento confortável, os enfermeiros espirituais que o trouxeram aplicaram-lhe passes de despertamento. Correu o olhar perplexo pela sala e não pôde esconder a alegria quase infantil, quando identificou a esposa, ali, igualmente em espírito, assessorada pela mãezinha, que se lhe afigurava um ser angelical.

— Artêmis! Minha adorada Artêmis, onde nos encontramos? Deus meu, quanta saudade, quanta dor!

A esposa, solícita, dirigiu o olhar à genitora, interrogando sem palavras. Ante o delicado sorriso de assentimento que lhe assinalou a face nobre, em resposta, avançou e abraçou o companheiro em lágrimas de incontida alegria.

Os esposos, após o amplexo mudo demorado, interrogaram-se apressados, qual se receassem a interrupção do momento feliz, que pretendiam alongar indefinidamente.

O enfermo trazia insculpidas no corpo espiritual as marcas da cruz redentora que a hanseníase lhe assinalava, em face da plasticidade do perispírito ainda encharcado das vibrações pesadas que experimentava. Referiam-se à ausência maceradora que sentiam, aos sofrimentos, aos filhos...

— E Lisandra, como passa? — interrogou, aflito, exteriorizando amargura.

Antes que a esposa dissesse algo, a respeitável mentora do grupo acercou-se, interceptando-lhe a resposta e esclarecendo:

— Logo mais a traremos aqui. Reunimo-nos, graças às bênçãos dos Céus, a fim de examinarmos as responsabilidades que nos dizem respeito perante a vida, nos graves dias da nossa atual conjuntura.

"Somos jornaleiros dos longos roteiros do tempo. Erramos e reencetamos o cometimento, caímos e tentamos o soerguimento, acumpliciamo-nos com o crime e eis-nos retidos, aguardando resgate inadiável, a fim de avançarmos.

"Com a mente carnal, podeis compreender que a vossa atual experiência física é bendita oportunidade que merece valorização.

"Sem nos adentrarmos em minudências, que o momento não comporta, as vossas atuais expiações e provações são o ressumar de delitos próximos, praticados em vida passada, de que não conseguistes expungir pelo impositivo do amor, particularmente no que se refere a Rafael, Lisandra e Gilberto, reunidos pela divina fortuna à impostergável reabilitação perante as leis soberanas que regem a vida.

"Ergastuladas em masmorras de sombra e ódio, supliciadas na revolta incontida, fixadas ao pelourinho da vingança, demoram-se diversas vítimas das arbitrariedades de que o nosso Rafael se fez responsável, a instâncias, também, de Lisandra, todas elas gritando por desforço, jungidas aos vossos Espíritos, em razão dos impositivos crime-castigo, dívida-resgate que cada um elaborou para si mesmo.

"Não vos surpreendais ante a contingência de dor e reflexão, ao açodar de mil agruras libertadoras, que funcionam sempre como drenos para as vossas consciências culpadas, culpas que temos quase todos nós, em vias de redenção.

"Nossas Artêmis e Hermelinda, como sabereis oportunamente, se vos vinculam por outros processos menos danosos e se propuseram ajudar-vos, atenuando vossas dores, enquanto elas próprias se liberam dos velhos e complexos dramas que carregam na alma e que agora expungem, com integral submissão à vontade divina".

O ambiente ressumbrava fragrância indescritível e transudava paz.

A interlocutora, desejando imprimir de forma indelével os esclarecimentos na alma dos ouvintes, absortos pela pujança da narração, continuou:

— Vossas dores não alcançaram o clímax... Necessário lograr o acume do monte para conseguir-se maior horizonte visual. Assim, também, é imprescindível alcançar o ápice do sofrimento para poder superar a complexidade dos gravames infelizes.

"As enfermidades físicas e psíquicas que vos avassalam têm as suas patogêneses nos recessos da alma endividada, que faculta, por desarmonia vibratória, se desenvolvam os agentes mórbidos, favorecendo-os com a fácil proliferação, mediante a ausência ou diminuição das defesas orgânicas que foram destruídas pelo comportamento moral-espiritual...

"O mesmo ocorre na esfera psíquica, em que ressumam as lembranças inditosas não frenadas pelo total esquecimento da reencarnação ou cujas ações nefastas desarticularam os centros da maquinaria mental, que se organiza dentro da esquemática tormentosa ou deficiente, resultante do abuso como das sobrecargas mefíticas que a venceram...

"Além disso, à instância do intercâmbio psíquico com os adversários retidos fora das roupagens físicas, mais se agravam os problemas, surgindo os processos muito variados e difíceis de solucionar-se, a curto ou médio prazo.

"Enquanto não se reabilitem os infratores, atestando a excelência dos seus propósitos, não diminui a sanha dos seus perseguidores. Outrossim, em alguns casos, que não são poucos, mesmo diante da renovação do ex-algoz, as antigas vítimas não cedem na louca obstinação a que se entregam e em que se exaurem, enquanto não se lhes lucilam nos espíritos enlouquecidos as benditas claridades do amor e do perdão.

"Portanto, a contribuição da honestidade e a paciência na dor são de incalculável valor, pelas energias que produzem a benefício do próprio paciente como pelo efeito moral junto aos seus sicários infelizes".

Os ouvintes dilatavam o entendimento ante os oportunos esclarecimentos, já que se facultaram espontaneamente dar curso equilibrado às existências.

O Sr. Rafael, que já se iniciara no estudo do Espiritismo, compreendendo toda a extensão dos informes preciosos, evocou a figura generosa de Cândido.

Como se houvesse exteriorizado o pensamento, a venerável desencarnada interceptou-lhe o raciocínio, asseverando:

— Nosso Cândido aqui está conosco. Foi ele um dos auxiliares que o trouxe, sob a inspiração do seu próprio instrutor espiritual, a quem solicitamos permissão e ajuda; conhecendo a ascendência moral do nosso amigo, concertamos que seria ele o indicado para este cometimento ao seu lado.

O Sr. Rafael sentiu delicada pressão da destra espalmada sobre o seu ombro. Erguendo a cabeça na direção da pessoa que o acarinhara, deparou-se com o caridoso tutor fraternal e amigo. Embargou-se, comovido.

Cândido, a seu turno, ciciou-lhe ao ouvido:

— Tem sido ela o anjo bom que me tem aproximado de você e inspirado em nossas conversações. Graças a Deus!

— Cientes de que existem causas ponderáveis em nossas dores atuais — prosseguiu, serena —, predisponhamo-nos ao ressarcimento com otimismo e resignada atitude perante os testemunhos que advirão. Se Lhe rogarmos, o Senhor nos concederá forças, inda mais agora que a Doutrina Espírita alcança as paisagens mentais de Rafael, que, certamente, desejará espraiá-la em direção aos familiares, a fim de atenuar-lhes o sofrimento, ante as conjunturas dolorosas.

— Sim, sim! — assentiu o Sr. Ferguson, dando-se conta das vantagens excelentes que esse procedimento propiciaria aos diletos membros do seu clã.

— Façamos vir, agora, Lisandra — solicitou D. Adelaide.

O Sr. Rafael experimentou insopitável ansiedade, uma quase súbita angústia.

Logo depois deram entrada Hermelinda, que amparava a sobrinha meio inconsciente, e dedicado benfeitor desencarnado que as conduzia.

O genitor percebeu na filha os sinais da enfermidade devastadora e não se pôde conter:

— Então, ela está contagiada?

— Não por você, meu amigo — respondeu a avó da enferma, mas por ela mesma, pelos próprios atos. Observe, atentamente. Acalme-se e conclua por si mesmo.

A jovem relanceou o olhar pela sala, atônita, sem identificar os circunstantes.

— Quem me chama? — interpelou, com expressão perturbada — Que quer de mim? Por que me chama de Annette? Quem? Ermínio Lopez? Onde está, onde? — Não, deixe-me em paz, você morreu... Oh! que horror, é você!?...

Tomada por invencível pavor, atoleimada, agitou-se e tombou numa perfeita convulsão epiléptica.

Hermelinda sustentou-a, enquanto o vigilante benfeitor socorreu-a com passes longitudinais de dispersão fluídica.

— Annette, Ermínio Lopez? Eu os conheço, os desgraçados — esbravejou o Sr. Ferguson, visivelmente irritado —. Eles morreram...

— Ninguém morre, caro Rafael. Troca-se de trajo, muda-se de vibração, renasce-se em outra dimensão. Annette é Lisandra reencarnada.

— Ermínio?

— É o adversário oculto que a persegue. Pior, porém, do que a insistente caçada que este lhe impõe, a consciência da culpa é a responsável pelas crises, uma das quais acabamos de presenciar. Nesse interstício, então, ele assoma, inditoso, conforme o infelicitastes: tu e ela, a fim de vingar-se.

— Não os perdoei ainda. Dói-me a alma lembrá-los.

— É, porém, imprescindível fazê-lo quanto antes, não se equivoque.

D. Artêmis, que acompanhava todos os lances, humilde, sinceramente compungida, segurou a mão do esposo com ternura, como desejando asserená-lo.

Este, porém, recuperando a atitude temperamental antiga, libertou-se da destra da esposa e, transtornado, vociferou:

— Traidores infames! Eu sabia, sim, que no meu amor por esta filha desgraçada um surdo ódio e uma terrível desconfiança me infelicitavam. Bandidos!

— Calma, Rafael. Por hoje basta. Agora repouse, durma, esqueça o que o perturba, a fim de somente recordar o que agrada. Durma...

A meiga e rítmica voz de D. Adelaide e o impregnar de forças anestesiantes no paciente levaram-no rapidamente ao sono.

Abraçando a filha e Hermelinda, a dama espiritual orou com unção, enquanto energias revigorantes restabeleciam o clima de paz e beleza espiritual do ambiente.

— E Gilberto, mamãe? — indagou a Sra. Artêmis.

— Cuidaremos do assunto depois; mais tarde informaremos, minha filha. Agora, cuidemos do seu e do repouso de Hermelinda. A madrugada surge e o novo dia logo mais requisitará vocês. Deus nos abençoe!

13 Recordações e entendimento

À hora do desjejum, D. Artêmis comentou com Hermelinda o sonho que tivera durante a noite. Lembrava-se com nitidez do encontro que mantivera com a mãezinha desencarnada. Esta se lhe apresentara aureolada de refulgente luz, narrando, ditosa, quanto às delícias da vida após a morte. Referira-se às dores que ainda devia experimentar, em relação à filhinha...

— Na paisagem de beleza e cor — acrescentou D. Artêmis, com os olhos incendidos de alegria inocente — havia uma paz como jamais pude imaginar ser possível existir. Por miraculoso impositivo, recebi, ali, a visita de Rafael, alquebrado, porém, feliz pelo nosso reencontro. Embora de semblante marcado pela doença e expressão cansada, pareceu renovar-se ante a minha presença.

"Durante todo o transcurso da abençoada ocorrência, eu ouvia palavras de exortação à coragem e à perfeita confiança em Deus. Falava-se que os sofrimentos de uma vida se originaram noutra e que as arbitrariedades que se cometem numa existência noutra são resgatadas...Tudo tão lógico e reconfortante!...

"Enquanto nos deleitávamos com os sucessos e ditames do momento, vi, com clareza, chegar Lisandra e, ato contínuo, ser vencida pela crise, simultaneamente proferindo palavras desconexas. Acometida de incontida agonia, acorri a ajudá-la, quando despertei...

"Embora a forma como concluía o formoso acontecimento, acordei vencida por inefável bem-estar. Incontinenti, levantei-me e fui olhar a filha que repousava, serena, sem os estertores que lhe são habituais enquanto dorme, ressonando em paz...

"Tudo tão nítido e perfeito que tenho a certeza de que mamãe, em espírito, me levou a passear com ela, propiciando-me o encontro com o meu saudoso esposo, ela que deve ser um anjo, no sólio do Altíssimo.

"A visão de Lisandra atormentada deve ter sido interferência de minha alma, preocupada com a filha querida. Hoje me sinto mais revigorada e, às mãos do Senhor, entrego o meu destino, confiante...

— Estou de pleno acordo com a sua narração. Observe que fenômeno curioso. Também ocorreu-me sonhar... Assim, acordei, tentando coordenar as lembranças, a fim de esclarecer alguns fatos que permanecem nebulosos e para os quais não consigo resposta.

"Sonhei que fazia uma viagem, acompanhada por um médico muito competente, conduzindo Lisandra a um hospital, no qual seria submetida a um teste, de que se chegariam a conclusões elucidativas sobre a sua enfermidade mental.... Quando chegamos ao local, você, o meu irmão e outras pessoas lá se encontravam, como numa reunião de família.

"D. Adelaide parecia-me ser a anfitrioa, tal o contentamento que dela se irradiava, contagiante.

"Ao ser interrogada sobre a doença da neta, respondeu que era uma questão muito grave, por envolver um crime, não me recordo bem... Nesse momento, a paciente começou a delirar, chamando um certo senhor Ermínio, se me não engano... Enquanto o fazia, eu vi que se estampava na sua mente, não sei como explicá-lo, a presença de um monstro horrendo, deformado, agressivo, que a ameaçava de destruição... A pobrezinha, impossibilitada de correr, debateu-se e tombou em dolorosa convulsão, vencida pelo pavor.

"Vi que o médico presente aplicou-lhe umas como que massagens, sem a tocar, pronunciando palavras balsamizantes e animadoras com que, a pouco e pouco, ela se acalmou e adormeceu Nesse mesmo momento, Rafael como que tresvariou, conforme acontecia antigamente, durante os seus momentos de raiva, e pôs-se a praguejar...

"Embora me encontrasse possuída por poderosa calma, vejo tudo isto de forma muito estranha. Despertei com uma visão diferente, em torno do que ocorre com nossa família.

"São tantas as pessoas a interessar-se hoje pelo Espiritismo, que tenho cá as minhas dúvidas quanto às alegações de que é "uma fábrica de loucos"... Que os chamados *mortos* interferem em nossas vidas, ajudando ou atrapalhando, ninguém tem mais suspeita: já é certeza. Afinal, a interferência dos santos e dos demônios em nossas atividades, que mais é, senão manifestação, ação dos Espíritos? Mormente, com relação a Lisandra. Depois do sonho, estive conferindo sintomas e constatei que as suas crises mais graves ocorrem, antecedidas por um estado de ligeiro estupor em que ela para, vagueia o olhar, como se estivesse escutando um terrível chamado, após o que tomba em convulsão.... Não se recorda de como enuncia palavras, para nós desconexas, pronunciando sempre o mesmo nome, que agora sei ser Ermínio?!...

"Estou muito inclinada a crer que, em todo esse processo, há uma terrível vingança de alguém invisível... Para concluir, creio que estamos 'dormindo no ponto', como afirmam as pessoas, em linguagem de gíria..."

— Dou-lhe toda razão.

— Não desanimemos. Pelo contrário, renovemo-nos pela coragem e pela fé, porque sinto que não pelejamos a sós. Muitas vezes, tenho-me dado conta de uma presença dúlcida, qual o bafejo de um anjo, e pressinto tratar-se de sua mãezinha. É tão forte a impressão, que experimento a sensação de vê-la, não com os olhos, é claro, mas com a alma. Percebo-lhe o balbuciar, que não consigo entender, todavia, experimento a inefável paz que somente os bem-aventurados, consoante penso, podem transmitir. Deus está conosco, cunhada. Confiemos, aguardando os acontecimentos, mais atentas, a fim de os entender e os decifrar melhor.

Ambas se encontravam certas. Naturalmente os limites orgânicos e as disposições acautelatórias, providenciadas pelos mensageiros desencarnados, se responsabilizavam pelas dificuldades naturais, a fim de que entendessem todo o ocorrido na noite anterior.

As impressões fixadas eram o suficiente para auxiliá-las a sair do labirinto das incertezas e das dificuldades, guardando nos depósitos do inconsciente mais amplos informes, que se converteriam em subsídios na oportunidade própria.

Como as atividades as convidassem ao movimento, porquanto Gilberto se apressava em demandar ao trabalho e Lisandra já despertava, as duas mulheres deixaram-se conduzir à azáfama do dia.

Quando a Sra. Artêmis foi levar a primeira refeição à filha, encontrou-a imersa em reflexão. Havia no seu semblante, normalmente vago, uma expressão de lucidez inusitada.

— Que se passa, querida?

— Não a vi entrar, mamãe.

— Tudo bem?

— Sim, muito bem. Tive um estranho pesadelo à noite passada, muito estranho, mesmo.

— Conte-mo, então.

— Eu me encontrava, não sei bem em que lugar... Certo que era um local muito agradável. Havia várias pessoas de que não me recordo, conversando a meu respeito, como se fossem médicos discutindo o meu problema de saúde. Eu me achava algo anestesiada, com o raciocínio tardo, embora o prazer que experimentava, interiormente, por encontrar-me ali, quando ouvi alguém chamar-me de forma acusadora e temerosa. Receando, não sei o quê, desmaiei... Aliás, eu sempre sonho com um homem horrível, que me ameaça destruir vagarosamente, como eu fizera com ele... Sim, é assim que ele diz. Tenho-lhe tal pavor que, à simples lembrança, me arrepio.

— Não se preocupe, meu bem. São pesadelos que...

— Não, mamãe. Eu creio que há nisso alguma verdade. Não que eu o haja destruído, pois você sabe que nunca fiz mal a ninguém. Nem sequer odeio quem quer que seja, exceto...

— Fale, minha filha, faz-lhe bem.

— Nunca lhe disse antes. Você sabe quanto eu quero a papai. Todavia...

— Não receie, bobinha. Eu posso compreender tudo que lhe vai na alma.

— Mas é pecado!

— O pecado é tudo aquilo que fazemos de mal, em sã consciência, o de que temos culpa ao praticar.

— Sucede que havia momentos, antigamente, em que a presença de papai me inspirava tanto ódio... Eu experimentava a sensação de que ele me havia destruído algo muito caro, dentro de mim... Procurava, então, reagir e superava. Meditando, concluo que esse homem horroroso tem alguma coisa a ver com isto, ou nós temos algum problema muito sério com ele, não sei.

— É realmente muito esclarecedora sua informação, minha filha. Também nós, Hermelinda e eu, tivemos um sonho mais ou menos parecido. Seja, porém, o que for, não nos aflijamos. A divina Misericórdia sempre dispõe de meios para solucionar todas as incógnitas. Acalme-se e faça a sua refeição. O Dr. Armando acredita que você está muito bem, que vem reagindo positivamente ao tratamento, com boas possibilidades próximas. Não é uma notícia auspiciosa?

— Oh! sim, graças a Deus!

O ambiente continuava impregnado dos bons fluidos, e respirava-se paz entre os familiares, com otimismo e irrestrita fé em Deus.

Quando Cândido chegou à colônia e visitou o Sr. Rafael, encontrou-o abatido.

Estimulando-o à conversação, o paciente culminou por narrar a sua versão do acontecimento onírico de que ficaram as alegrias do reencontro com a família e a mágoa da cena final, de que não se recordava exatamente.

— Tratava-se de um sedutor que espoliava minha filha — disse com azedume —, a quem tive de matar ali mesmo. Entretanto, senti uma tão grande decepção por sabê-la vencida por um estúpido...

— Ora, meu amigo, sonhos que tais, quando nos alcançam o "eu" consciente, são adaptados pelas nossas aptidões e traumas, sofrendo expressivas alterações na sua estrutura e realidade.

"Pois eu sonhei com você. Tenho a certeza de que os bons Espíritos nos conduziram a uma região de bênçãos, onde você confraternizou com a família, recebendo auspiciosa carga de otimismo, que o seu temperamento retraído prefere trocar pelo amargor das reminiscências doentias. Que é isso, meu amigo?

"É claro, como já analisamos algumas vezes, que eu, você, todos nós possuímos delitos no passado que devem ser ressarcidos no presente. Certamente, a cena que lhe fez ressuscitar lembranças se fundamenta em ocorrência real, não, porém, como você a recorda.

"Tive uma ideia e sei que é inspirada".

— Diga-a, homem, por favor.

— Já falamos uma vez sobre a possibilidade de estender a fortuna da fé nova, que ora o concita a uma visão melhor do mundo e da vida, à família, lembra-se? Pois bem, creio ser este o momento ideal. Inclusive, predisponho-me a levar uma mensagem de sua parte e, em caráter de visita informal, dar-lhes suas notícias, fazendo uma delicada abordagem em torno do tema fascinante e confortador, que é o Espiritismo. Que lhe parece?

O Sr. Rafael refletiu por alguns momentos e, animado por súbito entusiasmo, exclamou:

— Bravos! A ideia me parece acertada. Não há por que adiar mais o momento e é melhor agora, antes que tardiamente. Irei escrever a Artêmis e lhe darei ciência dos seus cuidados para comigo, conforme já lhe narrei antes...

— Isto não, não admito.

— Não me interrompa, homem. E, nesses cuidados, o bem que você me fez, colocando-me na alma em sombras e dores a luz do Evangelho e o medicamento da fé restauradora da paz.

— Bem, sob esse aspecto é interessante, porque a predisporá a ouvir-me com mais descontração e interesse. Prepare a correspondência, que pretendo levar no próximo domingo.

Era outubro e a temperatura em elevação ainda agradável, matizava a vegetação circunjacente, espocando em fortes tons, em flores tropicais, numa verdadeira moldura de beleza, completando a obra de Nosso Pai.

14 Compromissos novos

O domingo radioso era um convite à alegria, à gratidão. A festa de luz penetrava a alma, iriando-a com famosas fulgurações interiores.

— Outubro é um mês muito querido para os espíritas — afiançara o enfermeiro ao Sr. Rafael. Nele ocorreram o nascimento de Allan Kardec e o auto de fé em Barcelona[5]...

Não se permitindo adiar a oportunidade, explicara com mais detalhes ao estudante das verdades espirituais os dois acontecimentos, marcos históricos dos tempos novos, instruindo-o, com acendrado interesse, a respeito da história do Espiritismo.

---

[5] Nota do autor espiritual: Hippolyte Léon Denizard Rivail (Allan Kardec) nasceu a 3 de outubro de 1804, em Lyon, França. O auto de fé teve lugar em Barcelona, Espanha, a 9 de outubro de 1861, quando foram queimados em praça pública 300 volumes de obras e opúsculos espíritas — tremendo atentado que comoveu a opinião pública da cidade, do país e do mundo.

Desse modo, logo cedo, evocando a figura ímpar do codificador na prece matinal, exorou a proteção dos numes tutelares para a família Ferguson, que deveria visitar.

À tarde, fazendo-se acompanhar da esposa, D. Clarice, demandou o lar do amigo, consciente da tarefa que deveria desenvolver.

Os familiares Ferguson receberam os visitantes cordialmente, com manifestas expressões de contentamento.

A satisfação por colher notícias e impressões, mais diretamente, quanto ao estado de saúde e de espírito, referente ao esposo, repletou D. Artêmis de felicidade.

Cândido, com a delicadeza que lhe era habitual, entreteceu considerações assinaladas pelo bom humor e asseverou ser aquele um excelente período de que desfrutava o enfermo querido. Narrou, sem artificialismo nem falsa modéstia, os esforços envidados junto a ele no sentido de aliviá-lo das cargas de animosidade e dos conflitos que o mortificavam, concluindo por asseverar que o iniciara no estudo e na meditação da consoladora Doutrina dos Espíritos.

Com pausada e clara voz, explicou qual a finalidade precípua do Espiritismo, no contingente da reforma moral do indivíduo e na sua real posição perante a vida.

— A quem acredita na imortalidade — argumentou, conciso —, o Espiritismo consegue consolidar essa fé, e, a quem não acredita, a esmagadora cópia dos fatos espíritas impele ao exame da realidade imortalista, auxiliando lograr a sua aceitação.

Teceu considerações oportunas sobre a reencarnação, utilizando argumentação simples e profunda, com que os interlocutores, sinceramente concordes, anuíam de bom grado. Comentou as tramas obsessivas como sendo decorrência dos conflitos e consórcios inditosos do passado, demonstrando, mediante as informações do Evangelho de Jesus, a longa e tormentosa história dos que hão caído nas redes da alienação por interferência dos desencarnados.

Exaltou a ação da prece, da oração em família e do estudo das lições espirituais em conjunto, de que se recolhem resultados inesperados, comprovando a excelsa bondade de Deus, por meio do mecanismo da *lei de causa e efeito*.

Gilberto e os familiares que o ouviam, atentos, não ocultavam a emoção.

Era-lhes um belo mundo novo. Nada que produzisse choque em relação à fé anteriormente abraçada. Antes, pelo contrário, aquelas informações clareavam os mistérios das afirmações nebulosas e elucidavam os complexos temas que perturbavam, em face das incógnitas em que se ocultavam.

Lisandra, interditada de participar da conversação, demorava-se no seu cômodo de reclusa.

A palestra, muito agradável, vez que outra suscitava em D. Clarice alguma complementação, como decorrência da sua experiência e dos benefícios pessoais granjeados no Espiritismo.

Sentiam-se as presenças espirituais dos benfeitores, comandando a palestra edificante com vistas aos futuros compromissos a que se deveriam todos cingir.

Num intervalo natural, Cândido indagou:

— Sem desejar ser indiscreto, como passa Lisandra?

Embaraçando-se, ligeiramente, a genitora respondeu que a jovem prosseguia indisposta, em virtude de velho problema psíquico que a atormentava. Por essa razão, ali não se encontrava participando da conversação edificante.

Nesse exato momento, ouviu-se um baque surdo, precedido por um grito.

— Deus meu! É minha filha. Deem-me licença.

A senhora, empalidecendo de súbito, levantou-se e avançou, apressada, na direção do quarto da enferma, que se encontrava caída, em convulsão. Os esfíncteres da uretra, ao impacto do choque nervoso, relaxaram-se, produzindo abundante micção.

D. Artêmis ajoelhou-se, procurando ampará-la durante a crise, e ouviu-a pronunciar nitidamente o nome Ermínio, consoante informara Hermelinda.

O olhar esgazeado, o rosto com manchas arroxeadas, os gemidos e a consequente prostração sucederam-se como de hábito...

A cunhada veio após e ajudou-a a colocar Lisandra no leito.

Todos estavam constrangidos ante o acontecimento inesperado.

Cândido, que se acostumara aos abismos do sofrimento humano, solicitou a Gilberto que indagasse à genitora se ele não poderia ser útil no momento, tendo-se em vista a sua profissão de enfermeiro.

O rapaz afastou-se para logo retornar, esclarecendo que a mãe aceitava e agradecia a sua ajuda.

O enfermeiro dirigiu-se ao modesto apartamento e, depois de tomar o pulso da moça, constatando sua quase normalidade, solicitou licença para aplicar a única terapêutica que lhe parecia útil no momento: o passe.

Em face da aquiescência, exorou o socorro do Alto com unção sincera e aplicou-lhe recursos de energias refazentes, que recebia da contribuição de D. Adelaide em vigilante presença.

Quando a paciente entrou na fase de repouso, afastou-se da câmara e, após conduzido ao lavabo para assear as mãos, retornou à sala, onde a esposa e Gilberto, em prece, o aguardavam.

A Cândido não passaram despercebidos os sinais da hanseníase na jovem, mantendo, porém, discreto silêncio, como seria de esperar-se.

— Perdoem-nos a cena desagradável — solicitou a Sra. Ferguson, compreensivelmente perturbada —. Isto não é comum. Aliás, as crises têm estado menos violentas. Esta foi uma das mais graves... Muito agradeceria se Rafael não fosse informado deste lamentável incidente, a fim de poupá-lo a sofrimentos desnecessários...

— Muito ao contrário — atalhou-a Cândido —. Esta foi uma providencial interferência, porque, assim, poderemos materializar os conceitos há pouco exarados, em ação espiritual. Esteja tranquila e permaneça como se nada houvesse acontecido. Felizmente ela não se machucou.

Com alguma hesitação a senhora prosseguiu:

— Lisandra contraiu, também, a "lepra"... Graças a Deus e à bondade do Dr. Armando Passos, que nos tem sido verdadeiro benfeitor, prossegue em tratamento no lar, embora isolada, convivendo apenas comigo e, esporadicamente, como agora, recebendo ajuda de Hermelinda... Combinamos nada dizer ao pai, a fim de evitar-lhe ideias erradas, injustificáveis complexos de culpa...

— Compreendemos, boa amiga. Saberemos manter o sigilo e ser discretos. Afinal, somos irmãos em Cristo, e a nossa é a tarefa de cireneu, nunca de sobrecarregador de problemas. Uniremos as nossas às preces deste lar e receberemos do Alto, além, grandes benefícios, apesar do pouco merecimento que possuímos, porque as leis de justiça são vazadas na misericórdia de acréscimo...

Dando diferente rumo à conversação, porque a hora urgia, Cândido entregou à senhora um delicado embrulho:

— Trouxe-lhe um presente e rogo-lhe o favor de aceitá-lo. É *O evangelho segundo o espiritismo*, de Allan Kardec, exemplar igual ao em que medita e se reconforta o Sr. Rafael... É uma verdadeira mina de diamantes estelares, uma fonte de vida perene, um medicamento sempre oportuno de ação imediata. Singelo, peço desculpas por nada possuir de mais valor com que obsequiasse à família...

— Deus o guarde! E muito obrigada! — retrucou a dama com sinceridade.

— Se a senhora nos permitir, aqui viremos de quando em vez para aplicar passes em Lisandra e dialogar sobre os tesouros do Mundo maior.

— Será uma honra para nossa casa e família modesta recebermos os mensageiros do Senhor. Venham, por favor, quando puderem.

Despediram-se com legítima afetividade espontânea...

Entardecia e já espiavam longe os olhos dos astros em fulgor.

A ponte da verdade estava sendo lançada entre as bordas que se separavam num abismo de sombra e dor.

Ao se acenderem as lâmpadas que superavam em luz as trevas da noite, no lar, era como se a partir de então uma diferente luz a ser esparzida do *Livro da Vida* clareasse definitivamente a teimosa noite que se agasalhava naquele recinto.

Os sofrimentos, certamente, prosseguiriam, entretanto, ao lado deles se erigiria um altar ao amor e à fidelidade ao Pai, em holocausto de fé e resignação, de que já davam mostras aqueles corações crucificados nas traves da expiação redentora.

Oxalá se acendam as claridades do evangelho nos lares e nos corações, ensejando-se às criaturas os compromissos sempre novos da caridade e do bem com que a Terra se converterá em morada da felicidade e da paz.

15 Os inimigos desencarnados

Um hálito renovador perpassava, então, no lar Ferguson. Perfeitamente concorde, o Sr. Rafael recebeu contínuas informações do enfermeiro, que agora frequentava, com relativa assiduidade, a residência da família.

É evidente que Cândido mantivera o sigilo da referência à enfermidade de Lisandra.

Cada visita fazia-se mais auspiciosa. Toda vez que se adentrava no lar sofrido, experimentava-se confortadora aragem de alegria, como se o impregnasse de paz.

Sua palavra simples e fluente sabia elucidar as interrogações e aclarava as questões nebulosas em torno da fé, com naturalidade fascinante.

Modesto por temperamento, e cônscio das próprias limitações, escusava quaisquer referências encomiásticas, com habilidade e simpatia.

Os passes aplicados na enferma redundavam em melhora orgânica perceptível. Psiquicamente, no entanto, fazia-se refratária às instruções espirituais, fechada em si mesma, aturdida pelas construções mentais e evocações infelizes de que dificilmente se liberava.

À instância da telementalização do adversário desencarnado, que urdiu um plano nefasto, deu acolhida às induções de antipatia ao enfermeiro, ensimesmando-se em característico mutismo com que demonstrava o seu desagrado.

Cândido compreendeu a situação delicada e dissimulou, educadamente.

É óbvio que, em qualquer processo de ordem obsessiva, quiçá na quase totalidade dos problemas de saúde, a parte mais importante está sempre reservada ao paciente. Sua obstinação em manter-se encarcerado no desequilíbrio, preferindo inspirar compaixão a despertar amizade, constitui óbice de difícil remoção na terapia do seu refazimento.

Embora a manobra hábil do inditoso perseguidor, os demais familiares, inclusive Gilberto, encontraram na Doutrina Espírita um fulgurante luzeiro que passaram a estimar, beneficiando-se da sua claridade.

Gentilmente, Cândido explicou a D. Artêmis a respeito da relação da enferma, a fim de tranquilizá-la, por encontrar-se ele absolutamente afeito e acostumado a eventos dessa natureza, em tarefas que tais.

Instituiu a oração em conjunto no lar,[6] lendo e comentando as preciosas lições de *O evangelho segundo o espiritismo*, de Allan Kardec, bem como as demais obras básicas da Codificação.

Eram incontestáveis os resultados em forma de bênçãos espirituais e recursos morais com que se leniam os participantes.

A seu turno, o genitor internado passou a superar as constringentes aflições, rejubilando-se com as aquisições espirituais dos seus.

Passados alguns meses, Cândido sugeriu que a família passasse a frequentar uma sociedade espírita organizada, na qual a *parasitose psíquica* de Lisandra poderia ser examinada em profundidade, com mais profícua colheita de resultados.

Indicou a casa à qual ofertava sua cooperação, onde pessoas honestamente interessadas no bem do próximo se empenhavam por modificar-se, bebendo nas fontes augustas da fé a preciosa linfa da caridade de que se faziam mensageiras.

Como a paciente não podia afastar-se dos compartimentos que ocupava, no lar, e a fim de não ficar

---

[6] Nota do autor espiritual: Na atualidade, o Culto do Evangelho no Lar é prática generalizada entre os espiritistas, que nesse ministério encontram os estímulos, as forças e os benefícios que defluem da comunhão espiritual em família, a fim de sustentarem as lutas em que se encontram empenhados. Em tal ministério, as comunicações espirituais devem ocorrer raramente, com objetivos elevados.

sozinha, alvitrou um programa de assistência, por meio do qual, revezando-se os familiares, sempre alguém lhe poderia oferecer companhia.

Comentando por diversas vezes sobre faculdades mediúnicas, referia-se com entusiasmo e comedimento a respeito dos recursos psíquicos de que era dotada Epifânia, jovem de 35 anos que chegara à Doutrina Espírita em decorrência de tormentosa distonia mediúnica e fizera-se membro atuante na instituição a que ele se reportava.

Após descobrir os filões auríferos da mensagem da Terceira Revelação, entregara-se com afinco e fervor ao ministério do socorro espiritista, tornando-se verdadeira missionária do bem e do amor, a que se ofertava até à exaustão.

Na simplicidade e jovialidade que a caracterizavam, na alegria de viver e nos embates que travava para manter-se equilibrada, não admitia ser tida além de irmã da necessidade, companheira dos sofredores.

Não chegava a ser um tipo de beleza. Sua juventude e simpatia contagiantes cativavam quantos dela se acercassem. Jamais a ouviram queixar-se. Sua boca se abria somente para ajudar e agradecer ao Senhor. Possuía, invariavelmente, escusa para um faltoso, justificativa para alguém em erro, expressão cordial para quem se debatia em conflitos. O seu labor era, sem dúvida, um mediunato, isto é, uma alta posição meritória de que desfrutava, graças ao sacrifício e à abnegação no exercício da mediunidade.

Naturalmente, em face das referências justas com que o amigo se reportava à servidora do Cristo, a auréola de simpatia que a envolvia foi fator imediato e importante para torná-la amada pelos neófitos que ainda não a conheciam.

Em data adredemente aprazada, D. Artêmis e o filho dirigiam-se à casa espírita onde Cândido os aguardava, satisfeito.

Situou-os em local acolhedor no amplo salão de conferências onde, pela primeira vez, iriam participar de uma tarefa espírita.

Procedidos os labores iniciais, foi Epifânia, nominalmente, convidada aos comentários da noite. Àquela oportunidade, estudava-se a Boa-Nova, conforme a interpretação Kardecista, enquanto em outros ensejos se examinavam *O livro dos espíritos* e *O livro dos médiuns*, de cujo auspicioso programa recebiam valiosas instruções os participantes das abençoadas reuniões doutrinárias.

O texto em discussão fora extraído do capítulo número XII, de *O evangelho*: *Amai os vossos inimigos*, estudando as anotações de *Mateus*, no capítulo 5 (versículos 20 e 43 a 47) e *Lucas*, no capítulo 6 (versículos 32 a 36). Mais particularmente o assunto abordava o tema: *Os inimigos desencarnados*.

Após comentar quanto à indestrutibilidade do princípio espiritual que anima a vida em todas as suas expressões, detendo-se com mais especiais cuidados no que se refere ao espírito humano, era visível a transfiguração que nela se operava a pouco e pouco.

Sem perder a mansuetude, o metal de voz modificou-se, a expressão da face aureolou-se de diáfana beleza e os olhos tornaram-se luminosos.

— O conhecimento da vida espiritual — asseverou a entidade que a inspirava em delicado fenômeno psicofônico — representa valiosa aquisição para a responsabilidade e a ascensão do indivíduo.

"Não sendo a morte outra coisa senão um instrumento da vida estuante em toda parte, a desencarnação não anula, nem simplifica as dificuldades. Cada um se desenovela dos liames físicos consoante a força vitalizadora de que se utilizava na sua sustentação. Transferem-se de uma para a outra posição da realidade espiritual os sentimentos cultivados, as aspirações irrealizadas, as fixações, os resíduos morais... A morte apenas realiza o processo cirúrgico de logo, libertando a 'ave cativa' que é o espírito, ou segurando, em tormentoso constrangimento, a alma que se deseja evadir...

"O fator — comportamento mental — é tão importante para a desencarnação quanto significa para as atividades e atitudes durante a vivência física. Cada um desencarna conforme se encontra encarnado. Os conflitos não equacionados, como os ódios e os amores, prosseguem com maior volúpia.

"Desarticulado o corpo e sentindo-se sem o invólucro em que se sustentava para expressar as sensações, o recém-desencarnado, em alucinação, experimenta o impositivo das cargas magnéticas da matéria e acompanha-lhe a desintegração, experimentando toda a decomposição do corpo, como se ela estivesse ocorrendo nas fibras mais íntimas da sua organização espiritual. Alguns seres recém-libertos, em tal estado, convidados insistentemente pelos pensamentos do afeto desequilibrado, da mágoa ou do ódio injustificáveis que ficaram na retaguarda, são arrancados da sepultura e se imantam às mentes que os seviciam, mesmo não intencionalmente, produzindo infinito mal-estar, e, porque ignorem o que ocorre, passam a sofrer indescritível turbação espiritual...

"Os Espíritos felizes, cuja vida se padronizava nos sentimentos superiores, ao inverso, são recebidos pelos seus afetos, os que os precederam ou aqueles que os aguardavam, responsáveis ou não pelo investimento reencarnatório, que então concluem.

"Não bastassem as ocorrências da leviandade que ligam os trêfegos e irresponsáveis entre si, formando grupos e colônias de parasitas, de viciosos e perniciosos a se locupletarem na insânia e nas obsessões simples com tendência a agravamento, em decorrência da sintonia que lhes facultem os cômpares encarnados, exigindo vigilância e cuidados, especial atenção merecem os inimigos desencarnados."

Houve uma pausa oportuna. Os ouvintes, atentos, sinceramente interessados, aguardavam o prosseguimento da lição, enquanto D. Artêmis exultava, indagando-se como pudera obstinar-se em adiar o momento de travar contato com o Espiritismo.

Como era diferente de tudo quanto ouvira falar! — pensava, absorta.

Não pôde continuar nas reflexões, porque Epifânia, mediunizada, prosseguiu:

— O ódio, o ciúme, a inveja, o despeito que intoxicam a vida por longos anos não podem, a passe de mágica, desaparecer dos painéis mentais e dos sentimentos morais de quem lhes deu guarida insensatamente.

"Fenômeno análogo ocorre na Terra com as criaturas. A simples indumentária não altera, intrinsecamente, o caráter do seu usuário. Não raro, dá aparência que nunca corresponde à realidade, assim como a transferência de alguém de um para outro domicílio pode criar condições para transformações que somente sucedem a largo prazo e, às vezes, não ocorrem...

"Quantas vezes uma criatura dissimula o estado d'alma, suas paixões, estimulada por um outro interesse, após o que se desvela, logo saciada no jogo da aspiração perseguida? Não ocorre esse fato, especialmente, no matrimônio, quando a convivência desgasta o verniz externo da sociabilidade e desnuda as pessoas?

"O ódio, em particular, açoda os instintos e faz daquele que o hospeda um tresvariado. Despertando para novas realidades, que não desejava, dando-se conta da sobrevivência, recordando-se dos desafetos reais ou imaginários, o psicopata espiritual investe contra quem detesta, e, utilizando-se dos vastos recursos de que agora usufrui, inclusive de não ser visível ou rapidamente perceptível por aqueles aos quais ataca, neles instala a peçonha venenosa da sua indocilidade, convertendo-se em verdadeira sombra imantada à vítima que o conduz por onde segue.

"Esse inditoso conúbio não ocorre, apenas, durante uma existência. É mais nefasto quando procede dos ódios pretéritos, em que o litigante infeliz, que se supõe prejudicado, esclarece-se quanto aos recursos que pode movimentar no estado em que se encontra, articulando planos cavilosos, programando perseguições implacáveis, detendo-se à espreita de brechas morais, incansável e insensível até lograr o tentame que prefere..."

O expositor desencarnado relanceou o olhar de Epifânia pelo recinto e advertiu:

— Ninguém se equivoque, porém. O ódio termina sempre por calcinar aquele que o gera e conserva, qual o escorpião que sucumbe em face do veneno que carrega consigo e um dia o aplica em si mesmo... A sanha dos inimigos desencarnados somente se aplaca ao preço da renúncia e da autoiluminação dos que transitam no corpo...

Merece também examinarmos, embora em rápida pincelada, que não são raros os constrangimentos obsidentes do ódio entre desencarnados, enfermos da alma, que se atiram, tresloucados, uns contra os outros, em lutas nefárias que se alongam por demorados decênios de insensatez e perversidade...

O espírita não está isento desses inimigos desencarnados, pelos quais deve envidar esforços espirituais, a fim de os dulcificar e lhes aplacar a ira, mediante os exemplos de renovação e humildade, elevação pelo trabalho nobre e aprendizagem das técnicas iluminativas, salutares. Outrossim, participando das conversações edificantes, dos estudos espíritas e cristãos, podem induzir os que os odeiam e os seguem, participando das suas múltiplas atividades, a que, ouvindo os conceitos libertadores, mudem de comportamento, realizando a edificação própria.

Simultaneamente, por meio da oração e da prática da caridade, cada um cria uma psicosfera favorável a si mesmo, que atua nos seus sicários como clima refazente de terapia eficaz.

"Não são poucos os invejosos, os ciumentos e os perversos que, em estado espiritual, se comprazem em destilar sua peçonha enfermiça nos homens honestos, aos quais combatem por motivos óbvios, desejando comprazer-se ante os sofrimentos que lhes impõem...

"Interpenetram-se e se comunicam os dois mundos — do espírito e da matéria, e seus membros, homens e Espíritos — mais do que se pensa ou se supõe.

"Os espíritas, além do passado donde provêm, quiçá assinalado por pedrouços e gravames, defrontam os Espíritos ociosos e perturbados em si mesmos, que os anatematizam, em considerando os propósitos elevados a que se dedicam, fazendo-os erroneamente considerá-los inimigos, por lhes obstarem a sanha perseguidora, a insensatez..."

A exposição alcançava o clímax. Desejando impregnar a alma dos ouvintes com a imperecível lição sempre atual do Evangelho, arrematou:

— Por essa razão, o amor é o único eficiente antídoto a qualquer mal. Sintetizando no amor todos os deveres e aspirações que nos devemos impor, foi imperativo Jesus, na sua inapelável sabedoria: "Amai os vossos inimigos". Da mesma forma como a morte do desafeto não lava a honra do ofendido — e durante muitos anos os duelistas supunham exatamente o oposto — um inimigo desencarnado é muitas vezes pior do que encarnado. Pacificar-se com os inimigos, enquanto se está no caminho com eles, é medida de urgência.

Ideal, portanto, não ter inimigos, não estar contra ninguém, não se rebelar... Se alguém não nos quer bem, o problema é dele; porém, se damos motivo para que tal ocorra, já é nosso o problema.

Pacificados em Cristo, apaziguemos com a nossa atitude caridosa, que transforma todo ódio em amor, tenhamos esperança e alegria de viver.

Terminou a mensagem.

Aragem balsâmica adentrou-se pelo recinto. Todos se conservavam em atitude de reflexão, impregnando-se do conteúdo da palestra esclarecedora. Podiam-se notar as transformações faciais, o esforço de alguns ouvintes, possivelmente assediados por contingências e fatores complexos de encarnados e desencarnados, formulando planos de renovação...

Sem ruído ou contração de qualquer natureza, a jovem Epifânia sentou-se, apoiou a mão direita à cabeça e recompôs-se, retornando à normalidade objetiva.

Alguns breves comentários de interesse dos frequentadores da casa foram feitos, passando-se à terapêutica dos passes a que se candidatavam alguns pacientes presentes.

A reunião ali se encerrava, na sua primeira parte.

Cândido, ao lado dos seus convidados, alvitrou, delicadamente, a que se submetessem à fluidoterapia pelo passe.

Sem inquietação, transferiram-se para outra sala, onde já se postavam algumas pessoas tomando lugares.

D. Artêmis estava sinceramente comovida, agradecendo a Deus a oportunidade bendita. Erguia-se da dor, em holocausto de renúncia, à gloria da fé santificante com que leniria as dores por toda a vida.

16 Epifânia: seu calvário e sua ascensão

No momento próprio, Cândido conduziu à câmara de passes os queridos convidados.

A médium Epifânia, em plena lucidez, embora o ambiente fracamente iluminado, numa penumbra invitativa à prece, exteriorizava uma quase invisível luz irradiante.

O enfermeiro aproximou-se e, sem afetação, apresentou os Ferguson à intermediária dos Espíritos...

A sensitiva, num gesto de muita delicadeza, osculou a destra de D. Artêmis, que se sentiu sensibilizada, saudando, cortesmente, Gilberto. Em seguida, solicitou que se sentassem, conservando-se em atitude de prece. Calmamente, aplicou-lhes passes individuais. Ao concluir o ministério, falou com naturalidade:

— Os senhores estão muito bem acompanhados, espiritualmente, o que traduz o equilíbrio íntimo que se reservam. Vejo entre ambos, em atitude maternal, veneranda entidade que me diz chamar-se Adelaide... Nepomuceno Vieira, afirmando ser a genitora e a avó, respectivamente, da senhora e do jovem.

Os visitantes não dominaram a emoção, que irrompeu em lágrimas, por meio de convulsivo pranto, em Gilberto. Com a alma repassada de amarguras íntimas, sofrendo os impactos das dores sucessivas e as frustrações que o maceravam, a notícia inconcussa da presença da avó ao seu e ao lado da genitora funcionou como dreno salvador.

— Chore, filho! — aconselhou Epifânia, transmitindo as palavras da benfeitora desencarnada, mediante aguçada audiência —. Necessário romper os diques da mágoa para que as águas generosas e refrescantes da esperança possam acalmar o coração.

"Muito solitária tem sido sua jornada. No entanto, fite o amanhã e avance, encorajado, no rumo do porvir. Mantenha os espinhos do pretérito cravados no coração, tentando adubá-los com o sacrifício, e eles florescerão, abençoados.

O sofrimento, a soledade não são penas impostas pela Divindade; antes constituem corrigenda salvadora, com que a criatura se arma para cometimentos elevados.

"Quem não é capaz de superar pequenos óbices de sombra não merece contemplar os horizontes infinitos da beleza. Jesus lhe ofertou por agora a colheita de frutos azedos, em decorrência da má sementeira do seu pomar de realizações. Todavia, faculta-lhe novo ensejo de produção. Use a lucidez e plante a messe da paz com que enriquecerá os companheiros de lutas, adquirindo preciosos valores para entesourar no espírito.

"Os seus dias apenas começam.

"Não recue, a relacionar insucessos. Avance a produzir oportunidades, abençoando sua atual existência com a alegria de sofrer e servir.

"Estão-lhe reservadas realizações profícuas. Prepare-se e ame, sirva ao bem, indistintamente, e aguarde.

"A hora máxima da noite é, também, o prelúdio do instante primeiro do dia. Siga o rumo da madrugada."

O jovem readquirira o controle da emoção e procurava reter no espírito a inesperada mensagem, que lhe constituía marco decisivo, divisor de águas na presente reencarnação.

Voltando-se para D. Artêmis, Epifânia, gentil e generosa, tomou-lhe as mãos frias entre as suas, em atitude de acolhimento e ternura.

A Sra. Ferguson recordou que esse era um hábito da genitora, sempre que aconselhava os filhos, quando na Terra. Estreitava-os no regaço ou lhes tomava as mãos como a protegê-los, instilando-lhes força e coragem.

Estava com o peito túmido e receava não aguentar tanta felicidade.

O recinto, porém, um santuário ameno, fazia-se antessala do Paraíso.

— Pede-me a nossa bondosa Adelaide — prosseguiu a médium devotada — para dizer-lhe que toda cruz é símbolo de libertação. As duas traves que se conjugam hoje para o sacrifício convertem-se, depois, em asas para a ascensão vitoriosa.

"Os espículos da coroa de martírio, ao se cravarem nos tecidos sensíveis da alma, se transmudam em resinas balsâmicas, que refazem de dentro para fora.

"Você não segue ao abandono a que ninguém, aliás, se encontra relegado. Temos estado juntas, de mãos entrelaçadas, erguendo o fardo e conduzindo-o, subida acima, até o planalto do livramento e liberação das dívidas".

"Na esfera dos sonhos, temo-nos encontrado, misturando nossas orações e ansiedades, quanto buscando atenuar os dissabores dos que nos são caros.

"Lisandra e Rafael se redimem. O calvário é uma estação que precede à ressurreição em triunfo, à comunhão em júbilo entre os amigos e à ascensão em glória para todos nós. Não tenhamos pressa para que 'passe o cálice', antes nos encorajemos para sorvê-lo trago a trago, gota a gota, até secar-lhe o conteúdo de fel e vinagre.

"O Espiritismo é a prova cabal do amor de Nosso Pai pelos homens em agonia, vencidos, ainda, pelo egoísmo. É a simbólica 'escada de Jacó' para quem deseja abandonar os peraus pantanosos dos erros e erguer-se aos céus da felicidade, sequer sonhada.

"Não lamente pelos nossos enfermos. Agradeça a Deus o quinhão de bênçãos com que crescem para a verdade, por enquanto por meio do que se convencionou chamar infortúnio, mas, sem dúvida, porta de acesso à paz.

"Perante as augustas Leis, tudo se explica. O tempo nos dirá mais tarde o que o momento não pode nem deve elucidar.

"Tenhamos paciência, filha, e abramos o espírito à luz.

"Incluímos Hermelinda em nossa melhor ternura, a irmã-cireneia que se converteu em benfeitora dedicada dos nossos corações. O mesmo dizemos em referência ao nosso irmão Cândido, fiel discípulo de Jesus, a quem somos profundamente reconhecida. Envolve-os a todos na afeição imperecível e na vibração de fé a mãezinha, avó e amiga, Adelaide".

Fenômeno compreensível, enquanto Epifânia sintonizava psiquicamente a *ouvir*, fez-se dócil instrumento para a psicofonia consciente, de que a entidade se utilizou com proficiência e sabedoria.

Revivia-se ali o cenário antigo do Cristianismo primitivo, quando não havia barreiras para o intercâmbio sistemático entre os Espíritos veneráveis e os trabalhadores fiéis, encarregados de espalhar as notícias do reino na Terra e velar pela plantação da paz nos corações.

D. Artêmis, ao despedir-se, retribuiu o ósculo do início e segurou-se ao filho, a fim de afastar-se do local consagrado à caridade moral e espiritual, ao império de forte emotividade.

Despediram-se de Cândido, rumando ao lar, sob o dossel das estrelas, com as almas luarizadas e em paz.

Nada comentaram no percurso, nem poderiam fazê-lo. Só os profundos silêncios falam as grandes, as intraduzíveis gratidões.

Hermelinda, que os aguardava, inteirou-se das notícias ditosas, assim participando da ventura que os dominava literalmente.

O mediunato de Epifânia transcorria em clima de bênçãos, após sucessivos embates.

De formação católica a princípio, sofreu por muitos anos, procurando explicação para os fenômenos mediúnicos de que era objeto e que a afetaram muito com a sua carga de aflições.

Crente na interferência diabólica, supunha serem demônios maus que a estavam seduzindo os Espíritos que lhe apareciam e a influenciavam, embora a negativa destes... Assustada pelo sacerdote quanto às armadilhas satânicas de que se devem livrar as almas, por meio das penitências, jejuns e orações, mais se lhe aumentavam as percepções sob a rigorosa dieta espiritual.

Com a adolescência, defrontando antigos adversários, sofreu constrições tormentosas e complexas investidas dos malfeitores desencarnados. Por diversas vezes, planejou autoaniquilar-se, por cujo meio esperava fugir aos constrangimentos e dores. Tornou-se arredia, não obstante amável, silenciosa e triste.

Simultaneamente, registrava a presença de magnânima religiosa desencarnada, que a sustentava com diretrizes e conselhos sábios. Com sacrifícios e renúncias, superou as dificuldades de entendimento espiritual, passando a confiar na aristocrática benfeitora. Só mais tarde, veio a saber tratar-se da mentora que lhe sustentava a tarefa, a quem se vinculava por liames expressivos desde há alguns séculos de evolução.

Ao completar 14 anos, desencarnou-lhe uma irmã vitimada por soez obsessão, que culminou em espetaculoso e infeliz suicídio.

O choque desarticulou-a, levando-a ao leito.

Nesse comenos, pessoa dedicada fez que a família recorresse ao Espiritismo, dando-se início ao exercício e desdobramento correto das suas faculdades mediúnicas.

Submetendo-se a severas disciplinas com que procurava educar hábitos e vontade, assiduidade e método, no compromisso assumido, libertou-se das impertinentes perseguições dos inimigos desencarnados, adquirindo, a grande esforço, o necessário equilíbrio dos sentimentos e da razão, mediante o qual prosseguia integérrima.

As dificuldades, porém, não cessaram aí; antes aumentaram. Buscando um trabalho digno em repartição pública, a fim de poder dedicar-se com afinco ao ministério espiritual, quanto lhe permitisse o tempo, sem necessitar depender economicamente dos familiares ou dos amigos, ofereceu-se à causa com incomparável devotamento.

Os amigos invigilantes assediavam-na com referências infelizes que a desgostavam. As calúnias lhe rondavam os passos, reiteradas vezes, e a bajulação dourada a perseguia, defrontando sua tranquila resistência.

Pessoas imprevidentes censuravam-na, por conservar-se solteira, "correndo perigos desnecessários", conforme asseveravam, servindo de instrumentos dóceis aos adversários da luz, sem se darem consciência das atitudes reprocháveis. Mais de um cavalheiro pretendeu-lhe a mão para o matrimônio. Ela resistiu, estoica, embora dotada de meiguice e de um profundo sentimento de amor em plenitude.

— A mulher somente se realiza quando se consorcia e se torna mãe — diziam-lhe os familiares e os confrades impertinentes, fazendo coro a esse tipo de pessoas que sempre têm solução para o que supõem serem problemas alheios, jamais para as suas necessidades.

Ela se escusava, fazia-se desentendida e prosseguia, inalterável.

— Quando desejar casar-se — murmuravam, insistentes, outros —, já será velha, tarde, portanto, demais. Quem a quererá?

Sempre aparecem os que se preocupam, bem se vê, negativamente, com o próximo, raramente objetivando auxiliar com um sincero desinteresse e sem paixão pessoal. Ignoravam esses companheiros o seu calvário íntimo.

Ela sabia que sua tarefa era a de ajudar, socorrer por meio da maternidade do espírito, sem amarras que lhe dificultassem o avanço, sem outros deveres que a impedissem de desincumbir-se do ministério espiritual.

Sentia-se só e desejava um amor de compreensão e ternura. Fora, porém, informada pelos seus abnegados mentores de que esse afeto ainda se encontrava no Além, aguardando-a... Esforçava-se, então, por superar a tristeza quando esta lhe tentava tisnar a alegria; vencer a perturbação, quando se via acicatada pela vigília dos Espíritos malévolos; resistir ao desânimo, quando sitiada pelo cansaço; afastar a antipatia, ante os maledicentes e censuradores, os pusilânimes e exploradores da mediunidade...

A caridade era sua ginástica preferida, a fim de manter as formas do espírito em ritmo de amor, no pensamento e na vontade. Ninguém lhe compartia as horas de soledade, nem ela apresentava qualquer reclamação ou exteriorizava tristeza.

Complôs foram organizados do *lado de cá* reiteradas vezes, a fim de a desanimarem. Criaturas embriagadas, teleconduzidas, foram empurradas na sua direção, objetivando desconcertá-la. Rapazes irrequietos faziam-se arregimentados, a arderem de paixão, tentando induzi-la à sedução.

Orando e arrimada aos seus abnegados amigos espirituais, a tudo resistia, às vezes, chorando intimamente, mas permanecendo no posto do seu dever. Companheiros, ditos bem-intencionados, em perigoso fascínio pelas suas faculdades medianímicas, prontificaram-se a protegê-la... A servidora do Cristo no ideal espírita continuava, sem arrogância nem deslizes, no culto das tarefas em que se refugiavam sua segurança e proteção.

É claro que amigos leais auxiliavam-na, discretos e devotados, respeitáveis e atentos. Não poderia ser diferente. O milagre do bem magnetiza, produzindo sublime contágio. Seus momentos de alegria pura e de serenidade refundiam-lhe o ânimo, e seus benfeitores, zelosos, ministravam-lhe recursos magnéticos de sustentação e vitalidade.

Granjeara, por todos os títulos de serviço e graças à humildade no desempenho dos deveres no lar, no trabalho, na vida pública e no santuário espírita, a afeição dos irmãos maiores da Espiritualidade, seus tutores e guias, que a defendiam das ciladas do mal e a socorriam sempre. Ajudavam-na no seu mediunato e apresentavam-na a amigos novos *do nosso lado,* que lhe recorriam ao telefone sem fio das percepções extrassensoriais, para as mensagens que anelavam dirigir aos saudosos amores que haviam ficado na Terra, esperando diretriz, socorro e ânimo, a fim de prosseguirem nos empreendimentos que a desencarnação não podia nem devia interromper... Desse modo, aumentava sempre o círculo de afeições em ambos os planos da vida.

Tornara-se Epifânia, em decorrência, um exemplo digno de imitado, verdadeira cristã e legítima espírita. Muitos outros médiuns lhe admiravam as faculdades, quando não a invejavam, como consequência da invigilância a que se permitiam. Desejavam recursos expressivos no campo espiritual, não, porém, as condecorações da dor e da soledade, os testes de renúncia e sacrifício incessantes.

Ainda agora se teima por acreditar na mediunidade como sendo um *dom* exclusivo ou uma *graça* injustificável, de que raras criaturas se encontram investidas e esforço algum necessitam encetar para preservá-la, resguardando-a das tentações e dos escolhos ásperos que se lhe apresentam pela trilha das realizações.

Epifânia, consciente das responsabilidades abraçadas, sinceramente entregue às mãos do Senhor, firmou-se no conceito da Espiritualidade graças aos serviços executados e à fidelidade com que deles se desincumbia, humilde e irreprochável, merecendo incondicional ajuda dos seus mentores em prol do êxito das tarefas em desdobramento.

17 Escolhos à mediunidade

A reencarnação, em si mesma, constitui misericórdia do Senhor, que não deseja a morte do pecador, mas a sua redenção. Em consequência, todas as faculdades de que o homem se encontra investido são talentos que lhe cabe multiplicar, valorizando-os pelo bom uso que lhes dá. Exigem cuidados, educação e disciplina, mediante cujo exercício mais se aprimoram. Impõem zelo com que sejam resguardadas da insensatez que os perturba, quando não os descontrola e inutiliza.

Nesse sentido, a mediunidade, que é uma faculdade parafísica, graças às suas sutis teceduras nos mecanismos do espírito, por meio do perispírito que a exterioriza pelo corpo somático e mediante o qual recebe as respostas vibratórias, mais severas responsabilidades confere ao usuário, impondo-lhe maior soma de vigilância.

Padecendo gravames e sujeita a escolhos sutis, que se transformam em penosos obstáculos, a mediunidade é ponte preciosa de serviço entre os dois mundos. Incompreendida pela maioria dos usufrutuários, padece um sem-número de conjunturas e experimenta aguerrido combate de um como do outro lado da vida.

Para exercê-la com nobreza é necessário escolher o caminho da abnegação, a via redentora, abraçado à caridade e ao amor, iluminado por dentro pela paciência e pela tranquilidade, a fim de não se deter na ascese do ministério ou confundi-la nas sombras com que se perturba e infelicita.

Sua correta condução propicia inefáveis alegrias, produzindo emoções transcendentes que visitam a alma em permanente musicalidade de harmonia. Por meio desse esforço, dilatam-se os registros que põem o médium em contato com as vibrações dulçorosas do Mundo da Verdade e franqueiam-lhe os portais do infinito por onde se adentra, estuante, restaurando as energias combalidas e alertando-o com preciosas forças, a fim de não estacionar nem recuar.

Relegada ao abandono, favorece a parasitose psíquica de imprevisíveis resultados, que dão margem a processos obsessivos de grande porte, gerando perturbação e desdita em volta dos passos.

Utilizada com leviandade, converte-se em instrumento dúplice, de que se utilizam os Espíritos bons e maus, conforme a direção que lhe aplique o médium e segundo as suas inclinações, desejos e paixões acalentados interiormente.

Asseverou Allan Kardec que:

> Entre os escolhos que apresenta a prática do Espiritismo, cumpre se coloque na primeira linha a *obsess*ão, isto é, domínio que alguns Espíritos logram adquirir sobre certas pessoas. Nunca é praticada senão pelos Espíritos inferiores, que procuram dominar.[7]

Bem se depreende do texto, ao referir-se à "prática do Espiritismo", que o Codificador alerta sobre a aplicação da mediunidade, porquanto, decorrendo seu ministério em clima de sintonia, sempre se vincula aos Espíritos com os quais o homem se compraz conviver psiquicamente.

Como os inferiores são mais comuns no intercâmbio com os homens, por invigilância destes, eles lhes compartilham a vida, produzindo constrangimentos obsessivos por ignorância, e, quando são maus, impondo-os por desforço, inveja, vaidade, etc. Os antídotos, porém, contra tal escolho como de quaisquer outros são o conhecimento, o estudo correto e a salutar vivência do Espiritismo.

---

[7] Nota do autor espiritual: KARDEC, Allan. *O livro dos médiuns*. 40. ed. FEB. Segunda Parte, cap. XXIII, "Da obsessão", it. 237.

Além desse penoso gravame — a obsessão imposta pelo desencarnado diretamente —, outros há inspirados pelos Espíritos imperfeitos: o açodar das paixões inferiores que cada ser conduz consigo, açulando desejos desenfreados de qualquer nomenclatura; o arrojar pessoas inescrupulosas sobre ou contra o portador das forças mediúnicas — o mesmo ocorre em relação aos indivíduos que se esforçam por preservar suas faculdades morais, que então experimentam o cerco nefasto, que lhes é imposto pelas mentes atormentadas da Erraticidade —, as facilidades de toda natureza, desde a bajulação mentirosa às incursões mais atrozes, no que diz respeito aos deveres assumidos.

Noutro sentido, os escolhos residem no próprio médium, invariavelmente um Espírito conduzindo pesados ônus do pretérito, que lhe cumpre resgatar a sacrifício e a extenuante esforço liberativo.

Aquinhoado com as percepções que lhe atestam a sobrevivência, deixa-se, invigilante, embair pela presunção e derrapar na vaidade, atribuindo-se dons excepcionais, valores que sabe não possuir, mas finge deter, como se os Espíritos se lhe dependessem, atendendo-o a seu talante...

Logo, porém, sucumbe, manietado pela própria falácia e perde o contato com as entidades respeitáveis, mantendo as vinculações com aqueles que lhe são afins. Passa, dessa forma, a experimentar o insucesso nos empreendimentos espirituais e, quando tal ocorre, compromete-se pela argumentação mentirosa ou recorrendo à fraude indesculpável, a fim de manter uma posição de relevo enganoso.

A vaidade em qualquer situação é sempre reprochável. No ministério mediúnico, além de condenável, transforma-se em tóxico letal que destrói, de início, quem lhe dedica culto de subserviência. O exemplo da humildade típica prossegue, sendo Jesus o excelso Construtor da Terra...

O salmista David, no seu canto número 119, versículo 165, estabelece que: "Muita paz têm os que amam a tua lei e para eles não há tropeços", e a Lei de Deus é a do serviço ao próximo com humildade pura e simples.

A ambição argentária constitui outro difícil escolho para os "chamados do Senhor" ao campo da mediunidade. Isto porque, como medida preventiva a benefício dos próprios médiuns, com raras exceções, são eles situados em grupos familiares que lutam pela própria sobrevivência, a fim de que se exercitem desde cedo nas austeras disciplinas da escassez e da necessidade, para superarem futuras conjunturas em que se deverão movimentar com facilidade e honradez.

Na convivência com uma família difícil, com irmãos-problemas, com a pobreza, acostumam-se de início ao silêncio e à renúncia, aprendendo paciência e adaptando-se ao clima das reclamações, das dificuldades com que defrontarão na família dos homens, quando convocados ao labor da caridade cristã.

O dinheiro, com que os seus possuidores transitórios supõem conseguir tudo que lhes apraz, facilmente perturba quantos se não armam de simplicidade e fé para o desempenho dos seus mandatos morais, sociais, profissionais e espirituais... Podendo acelerar o progresso e produzir felicidade, o dinheiro, infelizmente, em muitos casos, tem contribuído para a desdita humana... Habilmente seduz, disfarçado com destreza pelos que o manipulam e conhecem as técnicas soezes de que ele é capaz para vencer resistências.

Precatem-se os médiuns contra "a indústria dos presentes", isto é, do artifício da doação de mimos e regalos com que são brindados, a fim de que não sejam convidados à retribuição, mediante os recursos cuja finalidade é bem outra e dos quais se fazem mordomos, sendo chamados posteriormente a contas... O Senhor provê dos indispensáveis valores aqueles que O servem. Se o clima em que o trabalhador irá respirar deve ser o do problema e da dificuldade, evidentemente este lhe constituirá a mais salutar oficina para a autoedificação a que se não deverá furtar.

Conta-se que abnegado médium espírita, após atender a um consulente aflito que o buscara rogando ajuda, logo se desobrigou, com amor, do concurso fraterno; à saída do companheiro reconfortado, deparou com uma cédula delicadamente deixada presa a um livro na modesta mesa de trabalhos mediúnicos.

Logo identificando a procedência do dinheiro, algo desconcertado, porém consciente dos seus deveres, saiu a correr, chamando pelo outro e dizendo:

— Aqui está sua nota. Você a esqueceu sobre a nossa mesa.

— Aceite-a, por favor — respondeu o conhecido gentilmente —. Eu sei que o senhor tem muitos problemas... Pelo menos, utilize-a junto à família...

— Muito obrigado! Deus sabe das nossas dificuldades, que solucionará quando oportuno. Depois, a família está experimentando as necessidades de que precisa para evoluir.

— Mas, eu insisto.

— Não, homem. Por Deus, não derrube num minuto o que venho construindo há quase trinta anos...

Após o primeiro deslize, o chamado momento de fraqueza, surgem outros e cria-se um hábito infeliz: a usança da simonia. Por fim, têm preferência os que podem melhor pagar em detrimento dos "filhos do Calvário", aos quais devemos carinho e solidariedade, transitem eles em qualquer degrau da fortuna ou da miséria, do poder ou da escravidão, sem escolher outro que não seja o sinal do sofrimento.

O exercício incorreto das funções genésicas, sua prática indevida, quaisquer deslizes da sexualidade se transformam em martírio futuro, de que ninguém se eximirá no cômputo das consequências. O médium, por excelência, deve transfundir suas forças genésicas e, a critério de sua vontade disciplinada, transformá-las em energias vigorosas para o equilíbrio do espírito e maior potencialidade medianímica. Obviamente todo abuso moral e físico produz desgaste correspondente. Qualquer desgaste conduz ao exaurimento, não apenas das energias específicas, senão de toda a engrenagem física e psíquica do homem.

Nesse capítulo, o mau uso e a exorbitação impõem viciações danosas, gerando vinculações infelizes entre os consórcios encarnados, a expensas, também, de comensais desencarnados, que se instalam em processos de sórdida vampirização, exaurindo suas vítimas docilmente manipuladas.

O matrimônio nobre, revestido dos ascendentes sagrados do respeito e da dignidade, é santuário de transfusão de hormônios, de forças restauradoras em que se harmonizam os que se amam, restabelecendo e mantendo compromissos superiores, mediante os quais se alam em júbilo às províncias da felicidade.

O deslumbramento que a mediunidade enseja aos incautos e desconhecedores da Doutrina leva-os a desequilíbrios da emotividade, em relação aos seus portadores. Surgem, então, nesse período, as justificativas injustificáveis quanto a reencontros espirituais, a esperas afetivas que se tornam realidade, a afinidades poderosas, produzindo acumpliciamentos de difícil e demorada reparação dos danos morais.

Imprescindível vigiar "as nascentes do coração", conforme a linguagem evangélica, a fim de não se iludir. Se alguém chegar posteriormente aos compromissos já firmados, é porque o sábio impositivo das leis assim determinou como corrigenda e reeducação dos faltosos...

Em se tratando de afeições, afinidades espirituais, não há por que as transladar para uniões perturbadoras, usanças sexuais perniciosas, embora, a princípio, encantadoras, que sempre resultam em inevitável frustração imediata e tardia amargura... O verdadeiro amor, o que não se frui, permanece intocado, superior, ascendendo em grandeza e crescendo em profundidade.

O médium não pode esquecer que amar, sim, porém, comprometer-se moralmente pelo ditame do sexo, não, nunca! Há muitas almas sob severas disciplinas, na Terra, que vivem em revolta, procurando a água pura da afeição e, ao encontrá-la, tisnam-na; incontinenti, tornando-a lodo. Diante desses corações, o médium deve proceder com atitude de amizade, preservando-se interiormente, com afeição fraternal e reserva moral, a fim de não se permitir leviandades, que são sempre prejudiciais.

A abstinência sexual dentro dos padrões éticos do Evangelho constrói harmonia no espírito e no corpo. Outros escolhos, diversos, que atentam contra o apostolado mediúnico, encontram-se e podem ser facilmente identificados por quem deseja ascensão moral e realização superior.

Não examinamos aqui, com mais detalhes, os chamados vícios sociais, quais o tabagismo, o alcoolismo, a toxicomania; os excessos da mesa, mediante a ingestão abusiva de animais ceifados, condimentados e acepipes extravagantes; as negligências mentais e morais, como as conversações doentias, deprimentes e obscenas, o cultivo dos pensamentos vulgares, o acalento de tendências negativas, a inveja, o ciúme, a queixa, o azedume, a maledicência, o reproche...

A ira, o ódio, a cólera, pela sua perigosa perturbação, não necessitam, sequer, de qualquer comentário, porquanto todos lhes conhecemos a gravidade; e o médium muito especialmente não os pode ignorar, dando margem à inclinação dessa natureza, muito menos à sua instalação nefasta...

O concurso da prece e da leitura salutar, que inspiram ideias e pensamentos ditosos, são anticorpos valiosos contra a virulência desses escolhos na santificação da mediunidade, enquanto a vigilância, por meio do trabalho paulatino e sistemático, ordeiro e constante, a ação caridosa e os contributos da solidariedade como da tolerância armam-no para a feliz execução dos serviços espirituais.

"Pedi e dar-se-vos-á; buscai e achareis; batei e abrir-se-vos-á",[8] afirmou Jesus, concitando-nos a solicitar ajuda à Misericórdia divina, batendo às portas do bem com tranquilidade, buscando o Senhor por todos os dias da vida e recebendo as respostas dos Céus em paz com felicidade, hoje ou mais tarde, consoante a insistência com que as perseguirmos.

---

[8] Nota do autor espiritual: Lucas, 11:9.

18 Alegrias e dores superlativas

Nos dias sucessivos ao primeiro contato com as tarefas espíritas, no centro, os Ferguson passaram a frequentá-lo com assiduidade, duas vezes por semana, revezando-se na assistência à jovem enferma, cujo estado orgânico melhorava consideravelmente, em detrimento do equilíbrio psíquico, acentuando-se o mutismo perturbador e a tristeza que se lhe espraiava na face.

Não poucas vezes a genitora surpreendia-a falando a sós, agitada, com o semblante congestionado.

Inquirida, carinhosamente, quando não reagia com impropérios inesperados, deixava-se vencer pelo choro convulsivo, elucidando, após, ser uma angústia de que se sentia acometida por estar deixando morrer asfixiado um homem amado...

A bondosa mãezinha tentava tranquilizá-la, concitando-a à oração lenificadora, sem conseguir mais expressivos resultados, ante o tresvariar da filha querida...

Nas missivas ao esposo, sem o alarmar, enquanto narrava os auspiciosos resultados dos estudos do Espiritismo e da sua prática na sociedade, que hoje lhe constituíam o apoio e a segurança otimista para prosseguir, dava conta do acentuado desequilíbrio psíquico de Lisandra.

O pai mortificava-se, no entanto, já agora com visão bem diversa da vida, confiava em Deus e no futuro, precatando-se contra augúrios menos lisonjeiros.

Três longos anos haviam transcorrido desde quando se declarara a hanseníase na jovem.

Graças à ajuda divina e aos cuidados médicos do Dr. Armando Passos, sempre devotado, que não escondia preocupações quanto ao deperecimento mental da paciente, assistida, ainda, pela fluidoterapia do passe aplicado por Cândido, procedidos os exames clínicos e laboratoriais, Lisandra recebeu alta: estava clinicamente controlada sua enfermidade, sem perigo de contágio, podendo, portanto, ser considerada curada. Os cuidados, agora periódicos, facilmente mantidos, liberavam-na dos limites domiciliares a que se submetera por todo o período do tratamento.

Houve júbilos gerais que ultrapassavam as expectativas, porquanto o médico, em atitude cauta, evitou sempre alentar com esperanças que poderiam tornar-se desengano, reservando-se a notícia para depois de concluídos todos os testes e exames aclaratórios da situação.

Apenas Lisandra, apática já com sinais da demência, não demonstrou qualquer emoção ante o resultado feliz.

Instada por D. Artêmis a dizer qualquer coisa posteriormente, em face da auspiciosa notícia, respondeu, dorida:

— Que diferença faz deixar de ser leprosa para continuar louca?

— Muita, minha filha — redarguiu, paciente, a mãezinha, transida —, já que, agora, você poderá libertar-se dos limites destas paredes e recuperar-se emocionalmente. Além disso, você não está louca, apenas cansada, aturdida...

— Não nos enganemos, mamãe. Eu compreendo as coisas. O que se passa comigo não ocorre com pessoas normais. Eu sofro muito, interiormente. Minha mente vive inquieta e vejo-me perseguida, atrozmente perseguida... Sinto asco de mim própria... Odeio-me... Desejo morrer, matar-me. Só não o fiz ainda...

— Por Deus, minha menina, não desvaire. A vida é o maior dom com que Deus nos enriquece, e não temos o direito, sequer, de pensar assim, quanto menos...

— Compreendo. Todavia, não aguento mais. Eu sou uma desgraçada! Toda a minha existência há transcorrido numa fuga, sob um medo íntimo, cruel, entre doenças vergonhosas e agora... Mamãe, você que crê em Deus, rogue-Lhe por mim.

Atirou-se aos braços maternos debulhada em copioso pranto.

Hermelinda, que acompanhava a cena dolorosa, pôs-se a orar afervorada. Gilberto, que estava no lar, muito pálido, não ocultava o receio e surda cólera que se lhe imiscuía na alma, também atormentada. Esforçava-se por amar a irmã e não conseguia por ela mais que piedade a grande esforço. No imo, talvez durante a doença que lhe modificou a aparência, chegou mesmo a detestá-la, passando do asco ao receio e desse a um sentimento de vingança. Não saberia explicar-se o que lhe sucedia, mesmo ante as primeiras luzes da fé nascente com que buscava harmonizar-se, abrindo-se a Deus e à vida.

Na Instituição encontrara amigos que o estreitaram com sadia emotividade, recebendo-o com um carinho que não se permitia. Estimulado pela jovialidade dos companheiros trabalhadores do bem, incorporou-se ao grupo, granjeando, a seu turno, legítimas amizades. Ali, conseguia desatar a timidez que o manietava e, como fosse de constituição atlética, ajudava nos serviços mais humildes, merecendo aplausos e penetrando-se de justas, naturais alegrias.

Apesar dos esforços encetados, os dramas que se desenrolavam no lar, nebulosos, perturbavam-no significativamente, sendo neutralizada a ação morbífica em razão da influência positiva da genitora, a quem amava com extremada gratidão, e à abnegação da tia, que o sensibilizava pelo amor, pela renúncia e pela sua capacidade de serviço. Não fossem elas, pensava sempre, já teria sucumbido ou se evadiria do domicílio familiar...

Preservando a serenidade a esforço controlado, dona Artêmis indagou, enquanto acalentava a filha em desalinho emocional:

— Responda-me, Lisandra, você não crê em Deus? A interrogação doída saíra a custo, como a se despedaçar na alma.

— Não sei, para ser sincera — respondeu, angustiada —. Eu tenho medo d'Ele, isto sim...

— Mas Ele é Nosso Pai...

— Tem sido meu Juiz.

— Juiz? A que você se refere?

— Não estou, não vivo condenada?! Não é Ele o responsável?!

— De forma alguma, querida. Nós somos os responsáveis por tudo quanto nos sucede. Se você se esforçasse por ler as obras que lhe tenho apresentado, ou se interessasse em ouvir para entender, enquanto as leio para você, compreenderia que esta é uma imputação falsa e até blasfema que você faz ao supremo Pai... O nosso livre-arbítrio semeia e a vida nos obriga à colheita. Tudo muito simples.

— Para a senhora é simples. Não é a senhora quem carrega a lepra ou a loucura... Perdoe-me, mamãe, não é isto que eu quero dizer, não a desejo magoar...

— Eu compreendo, sim — aduziu, túmida de dor —. Falaremos depois. Descanse.

Silenciando, afagou a filha doente da alma, enquanto, discretamente, as lágrimas eram extravasadas pelos olhos, diretamente nascidas no coração. As emoções haviam sido muito fortes. Antes que cessassem as aflições, Lisandra foi acometida pelas convulsões tormentosas, sob o amparo da mãe e da tia, que não suportariam a sobrecarga de sofrimentos, se não estivessem firmadas na rocha sublime da fé em Deus.

Em ocasião própria, Epifânia informara quanto ao suplício de Lisandra, como procedendo do pretérito e asseverando que os benfeitores espirituais tomariam providências socorristas, quando o ensejo se fizesse propício. Afirmara, mesmo, que, recuperada da enfermidade que a retinha no lar, ela deveria frequentar as reuniões de cuja salutar atividade recolheria resultados opimos.

Assim, em face do informe e da liberação médica, todos aguardavam que o quadro se modificasse, favoravelmente. A jovem, todavia, embora se recuperasse da crise, não volveu mais à normalidade total.

Esquivava-se de qualquer conversação, tornou-se agressiva, investiu contra Cândido... Tornou-se fácil presa do inimigo invisível que a subjugava, ferozmente, utilizando-se da sua debilidade de caráter, em reagir-lhe à ação perniciosa, dominadora.

A preocupação voltou mais forte, à família em redenção.

A hanseníase quase não lhe deixara marcas. Nenhuma deformação lhe assinalava o trânsito. A um observador cauteloso e conhecedor da enfermidade não passariam despercebidos ligeiros sinais na face, discretos. Nada mais, como concessão da vida em vitória.

Lisandra, que poderia ter-se beneficiado enormemente do resgate pela dor, adquirindo expressivas conquistas, não reagira como era de se desejar, desde quando informada do mal. Silenciou, é verdade, porém reuniu todas as forças na revolta íntima e se submeteu à terapêutica da redenção, ressumando surda desesperação e injusta mágoa.

Com a alma em guerra, rebelada, passou a odiar a existência, tornando-se fácil presa de si mesma e dos seus adversários espirituais, que se demoravam à espreita constante. O sofrimento é via expurgatória de que se deve beneficiar o infrator com júbilo íntimo e resignação humilde, a fim de expungir, também da alma, os fluidos mefíticos que a intoxicam em longo processo... Tal não ocorria com nossa paciente, o que era uma pena.

No domingo imediato, quando os familiares se reuniam, aguardando o enfermeiro e D. Clarice para as leituras e orações em grupo, porque a filha não saísse do quarto, D. Artêmis foi buscá-la. Encontrou-a deitada, agitando-se. Ao dobrar-se para soerguê-la, percebeu a imensa tragédia: Lisandra tentara contra a vida, seccionando as artérias nos pulsos.

A veneranda matrona por pouco não sucumbiu, definitivamente. Chamou os familiares e rogou a Gilberto pedir socorro urgente. Nesse momento, o filho defrontou Cândido que se adentrava no lar, após saltar de um veículo de aluguel. Este, informado rapidamente da ocorrência, mandou o jovem deter o automóvel, enquanto verificava a extensão do atentado.

Num ligeiro exame e ante a hemorragia, não teve dúvida: era mister a assistência especializada, no pronto-socorro.

Reunindo as forças da alma e do corpo, carregou-a até o veículo, que aguardava à porta, e solicitou ao motorista que se dirigisse imediatamente ao nosocômio público de emergência.

Gilberto o acompanhou, em lamentável estado de desespero, enquanto a senhora do enfermeiro ficava com as duas aturdidas familiares da tresloucada enferma.

Como outra coisa não pudessem fazer senão esperar, D. Clarice sugeriu que se procedesse ao estudo evangélico e às orações, mais do que nunca imprescindíveis em momentos como aquele. O bálsamo da prece e o socorro do Alto lentamente apaziguaram os espíritos colhidos pela aspérrima provação.

As horas transcorreram longas, até que retornassem Gilberto e Cândido com notícias alvissareiras.

— Graças a Deus — informou, jovial, o enfermeiro —, sua vida está salva. Embora muito debilitada pela hemorragia, foi submetida a cirurgia e agora repousava enquanto recebia tratamento conveniente, transfusão de sangue...

Depois de uma pausa, explicou:

— Permiti-me telefonar ao Dr. Armando Passos que, cientificado, acorreu imediatamente ao hospital, assumindo, junto aos colegas de plantão, a responsabilidade do caso, a fim de evitar divulgação indevida e poder cooperar com a sua experiência e assistência pessoal. O Senhor não nos deixa órfãos de Sua misericórdia!

D. Artêmis, que conseguira manter-se até então, não pôde mais dissimular o infinito sofrimento que a vergastava.

— Confie, querida amiga — asseverou Cândido, teleguiado espiritualmente —. O perigo passou. Ela permanecerá internada por alguns dias e retornará melhor. A saída do ambiente doméstico far-lhe-á bem. Amanhã a senhora poderá visitá-la. Acalme-se e agradeçamos a Deus.

Ungidos de sincera gratidão ao Senhor, aqueles espíritos, coroados pelos espinhos com que se redimiam através da ascensão dolorosa, acompanharam a prece ditada pela inspiração mediúnica do enfermeiro, sensibilizado. Concluída a oração, Hermelinda propôs ligeira merenda, que havia preparado antes do incidente. Palavras de reconforto e de esperança coloriram o ambiente triste, mudando-lhe a psicosfera carregada, diminuindo a tensão geral.

— Aos que confiam em Deus — disse Cândido — muitos testemunhos são solicitados. Recordam-se de quanto sofreu o Apóstolo Paulo?

"Perguntar-se-á: onde o auxílio divino, que não interditou o sucesso lamentável desta tarde? Não se preparavam para orar? Por que os Espíritos não impediram o lance infeliz?

"A função da fé religiosa não é retirar o fardo das provações que cada um elege para refazer-se perante a própria e a divina Consciência, porém, oferecer resistências para que se possa conduzi-lo com nobreza. Senão, onde a justiça? Seria lícito retirar os débitos do crente e esquecer os incréus? A Paternidade celeste agiria acertadamente, beneficiando apenas os que creem, em detrimento daqueles que não querem ou não conseguem, por enquanto, modificar as íntimas paisagens da fé? Como julgar-se, posteriormente, capacidades e méritos, se os métodos de liberação foram diferentes?

"Por essa razão, Jesus afirmou ser 'leve o seu fardo e suave o seu jugo', ensinando-nos que o homem resignado e confiante melhor carrega os seus problemas, mais facilmente suporta as próprias dores.

O cristão, particularmente o espírita, que conhece a procedência dos sofrimentos, que se conscientiza das responsabilidades que lhe dizem respeito em relação à dor, certamente sofre melhor e tem diminuídos os lances de agonia, porque os não aumenta com o desespero, a rebeldia, o desequilíbrio, que constituem sobrecarga por demais pesada.

A presença psíquica de Jesus entre aqueles que O buscam pela oração dá resistência contra o mal e paz, a fim de se agir no bem.

Outrossim, consideremos: nossa irmã, gravemente perturbada pelos seus inimigos implacáveis, poderia ter tentado o autocídio no silêncio da noite, em horas avançadas, quando o socorro seria mais difícil de ministrado, atenta à possibilidade que teve D. Artêmis de surpreendê-la ainda a tempo de evitar piores consequências, inspirada que foi ao levantar-se para buscá-la... O corte no pulso direito não foi profundo, não havendo decepado a artéria, talvez pelo desequilíbrio nervoso, ou graças à ajuda que nos escapa distinguir... A *coincidência* de chegarmos no momento e o automóvel ser detido, evitando-se perda de tempo, que dificultaria os socorros de urgência... A discrição com que se tomaram todas as providências, evitando-se agitação e comentários... A prestimosa proteção e assistência do Dr. Armando... E quantas outras ocorrências benéficas, suscitadas pelos nossos maiores, que impediram a consumação do que seria um irreparável mal, instilado e conduzido pela mente odienta do perseguidor ou perseguidores desencarnados?

"Sim, sem dúvida, a ajuda divina se fez, e nos alcançaram, no momento exato, os auxílios espirituais.

"Outro fosse o nosso comportamento perante a vida e bem diverso seria o resultado desta ocorrência.

"Não obstante o sucedido, há paz e esperança, louvor e gratidão em nossos espíritos e em nossos corações.

"Todos sairemos da experiência com o ânimo refundido e a alma mais sábia, porque a dor é sempre a mestra cujas lições libertam o homem para mais altos voos."

Calou-se, enquanto aragens de paz perpassavam entre as pessoas que o escutaram atentas. Os comentários inspirados foram muito oportunos, tendo em vista o hábito mental e acomodatício que têm as criaturas de transferir responsabilidades, fugindo aos deveres que lhes dizem respeito.

Como as altas temperaturas refundem os metais, os sofrimentos, sem dúvida, forjam os homens nobres e burilam os espíritos para a abnegação e o apostolado do amor.

Despediram-se os visitantes, enquanto os Ferguson resgatavam com elevação parte dos débitos pesados, que os oneravam, liberando-se para cometimentos felizes no futuro com Jesus.

Dia novo logo teria início.

19 Felicidade, desdita e nós

No dia seguinte, D. Artêmis e Hermelinda demandaram o pronto-socorro, para visitar Lisandra. Dr. Armando tomara providências bondosas, a fim de que a jovem fosse transferida para um quarto ensolarado, onde pudesse recuperar-se sem o tumulto e os inconvenientes comuns em casos que tais, nas enfermarias coletivas.

Por uma feliz coincidência, passava no hospital à hora em que as duas senhoras se apresentavam à recepção.

Sem maior delonga, introduziu-as no local em que a jovem se recuperava do delito, não consumado graças à intercessão superior do Espírito Adelaide, que logrou atenuar as consequências da insânia.

Lisandra estava muito abatida, no entanto, lúcida.

Recebeu as visitas com compreensível emoção. O reencontro, terno e silencioso, foi muito comovedor.

Sem artifícios ou dramas que as pessoas preferem apresentar, havia nobreza e resignação nas recém-chegadas e sincero arrependimento na enferma...

— Isto não mais sucederá — argumentou o médico, com habilidade, facilitando a conversação.

"Todos temos momentos infelizes, os quais a invigilância, não raro, converte em demorada excursão na tragédia. Como está a menina hoje?

— Melhor, obrigada, doutor — respondeu com lágrimas que não se encorajavam extravasar.

A um discreto sinal do médico, a Sra. Artêmis acercou-se mais e segurou a mão da filha, que prorrompeu, então, em pranto de dor e vergonha.

— Perdoe-me, mamãe querida, perdoe-me — explodiu, debilitada —, não sei o que me aconteceu... Eu enlouqueci por dentro... Sabia o que estava fazendo... e não sabia... Desejava livrar-me de todos e de tudo... do *homem*, que eu continuava a matar com papai sem o destruir, de quem já lhe falei... Não consegui deter-me... Oh! Senhor Deus, perdoai-me.

Condoíam a sincera aflição da jovem e a grandeza da amargura da genitora, impedida de falar pelo estupor da carga emocional.

— Ora, filha — acudiu o esculápio, que percebia o impedimento materno e lhe receava a queda de forças —, sua mãe perdoa e compreende, todos compreendemos essas ocorrências. Não se atormente, porquanto o arrependimento não resolve o que já foi feito. Restabeleça-se por dentro e, revigorada, jamais volte a repetir o grave engano.

— É verdade, Lisandra — pôde a genitora refazer-se e aduzir —, não sou eu, pecadora, quem a perdoa, porquanto jamais me magoaria com você, mas, sim, Nosso Pai celeste que nos perdoará a fraqueza e a desconsideração ao Seu Amor. Como diz o doutor, o passado já não importa, porém, sim, o que iremos fazer a partir de hoje em relação ao futuro de nossas vidas. Você tem pensado em Deus, filhinha?

— Sim, mamãe... Você está bem, titia?

— Como não haveria de estar, vendo-a em recuperação? — contestou Hermelinda, dignamente, silenciosa até então.

— E Gilberto, como vai? Magoado comigo?

— Está no trabalho, porém mandou abraços e recomendações... Claro que ninguém está magoado com você. O amor que se magoa é puro interesse e não verdadeira afeição. Tranquilize-se, portanto — concluiu a tia, com acento conciliador.

— Soube que foi o Sr. Cândido quem me trouxe. Peço-lhe, mamãe, expressar-lhe o meu agradecimento e rogar-lhe minhas desculpas pelo cansaço que lhe proporcionei.

— Você lho dirá, oportunamente — justificou-se D. Artêmis, que conhecia a antipatia da filha pelo enfermeiro —, quando ele aqui vier ou em casa, após sua volta.

Lisandra, é certo, encontrava-se num feliz momento de equilíbrio e lucidez mental.

Com o consequente desmaio, em razão do atentado cometido, a jovem, ao ser expulsa parcialmente do corpo que desrespeitara à inspiração do antigo adversário desencarnado, deparou-o a aguardá-la, feroz e vitorioso, supondo-se em condições de prosseguir na nefasta perseguição, certo de que a arrastaria às regiões ingratas, como resultado do suicídio que supunha irreversível.

Era o golpe precipitado, desferido às pressas, para interditar-lhe a recuperação, quando cessada a primeira experiência expiatória que a Lei impunha à infratora, por meio da lepra abençoada.

Receando que o Espiritismo lhe abrisse as portas da libertação, resolveu vitimá-la e conduzi-la após o trânsito do túmulo, como se o equilíbrio das vidas pudesse permanecer nas mãos da odiosidade e nas rédeas da alucinação...

A cegueira dos homens e sua absurda presunção de poder seguem-nos além do túmulo, fazendo que, em espírito, se atribuam direitos e poderes divinatórios, a que se apegam tresvariados e soberbos.

Os lances exitosos colimados por esses Espíritos infelizes decorrem da sintonia que conseguem manter com as suas teimosas vítimas que os preferem pela acomodação às suas sugestões, ao acatamento da inspiração superior, expressa nos mil convites da vida, exteriorizados em paisagens, gentes, animais, jardins, tarefas, ideias felizes, que recusam, obstinados, na preservação dos sórdidos ambientes de sombra onde se refugiam, excitados ou deperecidos pelo mórbido prazer da infelicidade que se permitem e gostam de desfrutar.

Logo, portanto, se afrouxaram os laços do corpo somático, em exaurimento pela hemorragia, Lisandra, espírito semiliberto, defrontou a vítima-algoz.

A entidade transfigurada pelo ácido do ódio que lhe comburia as entranhas, agrediu-a moral, vigorosamente, ameaçando-a de inomináveis desditas.

— Por que, infeliz, me abandonaste? — inquiriu com voz metálica —. Já te esqueceste de mim? Sou Ermínio, o teu mancebo espanhol, miseravelmente assassinado pela tua desonra e pela selvageria do teu infame companheiro. Olha-me bem, vê em que me transformei.

Lisandra, aturdida, entre as sensações do corpo em luta violenta, sendo reestimulado pela assistência médica competente e oportuna, pelos fluidos com que o refazia o Espírito Adelaide e o pavor que lhe assomava, acompanhou, naquela esfera de pesadelo, a transformação que se operava no ser que a acusava acremente.

Viu-o decair a pouco e pouco, num sombrio espaço muito exíguo, asfixiado, inquieto, agitando-se roufenho e, logo depois, decompor-se num fardo de matéria pútrida, vencida pela vérmina...
Simultaneamente recordou-se. Estava sentada...
Não pôde mais concatenar lembranças. O horror estava por vencê-la quando sentiu irresistível atração, uma força incoercível que a arrastava, e perdeu a lembrança, a consciência espiritual.
Acordou no corpo, máscara de oxigênio às fossas nasais, massageada na região cardíaca, a fim de se recobrar do demorado desmaio...
Sem poder conscientizar-se, descerrou as pálpebras, proferiu uma que outra palavra desconexa e adormeceu, sedada, para o necessário refazimento...
A providencial interferência da avó desencarnada afastou o terrível perseguidor, cuja sanha nefasta não fora aplacada com o insucesso da operação-suicídio.
Sem dúvida, um tentame facilitaria outros, caso não houvesse uma radical mudança no comportamento mental da enferma. Os títulos meritórios das familiares engendraram recurso moratório para a endividada, cujo tributo a pagar se tornara mais oneroso em decorrência da agressão à vida.
Não obstante a ação inditosa inspirada e conduzida, pela mente pervertida de Ermínio, Lisandra acalentava, pelo pessimismo e pela rebeldia, o falso propósito

de fugir à vida, que mais se agravava ante a sua obstinação e refratariedade em recuperar-se dos desmandos outrora perpetrados.

A mensagem do Cristo fora-lhe ofertada sob sistemática recusa, resultante da preguiça mental e do hábito insano de fomentar e cultivar ideias, pensamentos prejudiciais.

Muitas pessoas pensam evadir-se da responsabilidade, escudando-se na desculpa de que se armam: "Não sabia o que estava fazendo", como se alguém, em sã consciência, no estado atual do conhecimento ético e religioso da Terra, possa ignorar o gravame do suicídio, particularmente no Ocidente, onde o Cristianismo, por meio de todas as igrejas de fé, o proscreve e condena. Outrossim, todos possuímos na consciência, exceção feita aos imbecis e outros dementes, a noção do que é certo e errado, moral e imoral. A preferência pessoal, em razão do estado de evolução espiritual de cada um, dá-nos, porém, maior ou menor dimensão, agrava ou atenua nossas responsabilidades.

Lisandra, agora, discernia e compreendia bem ser responsável pela própria desdita, atenta ao semblante da mãe, vincado por acicates implacáveis, rasgado pelas garras férreas do sofrimento que colocara ácido nas feridas, sem uma queixa, sem uma blasfêmia, sem um estrugir de revolta...

Pela primeira vez na vida, no quarto em que o sol penetrava a flux, se deu conta dos desatinos da sua insensatez e do quanto a genitora devia amargar, asfixiada no silêncio do martírio. Repassou, mentalmente, as cenas que presenciara com o pai agressivo e a resignação materna, o posterior internamento na colônia de hansenianos e a indescritível angústia que lhe sombreara os olhos claros, que perderam o fulgor primitivo...

Na reflexão edificante, fixou a tia solteira, que renunciara comodidades e afetos, envelhecendo no serviço de "boa samaritana" junto à cunhada e aos sobrinhos, a quem doara a vida por amor, também, sem qualquer azedume ou reclamação... E ainda agradeciam a Deus! Por que ela se sentia tão infeliz?

— Por que sou tão infeliz?! — perguntou com débil voz, saindo da reflexão para a realidade objetiva.

No acolhedor silêncio do quarto, cada um por sua vez meditava. A interrogação trouxe-os todos ao recinto arejado, e D. Artêmis, que retinha na sua a mão da filha, sentada ao lado do leito, respondeu inspiradamente:

— Porque a felicidade se encontra onde cada qual coloca o coração, conforme ensinou Jesus. Se você situa as aspirações no prazer fugidiço, no ouro mentiroso e nas paixões que ardem e se apagam breve, a sua ausência produz a desdita. No entanto, se pensa em paz de consciência, retidão moral e dever corretamente cumprido, como metas de dignidade e honradez, a ventura se estabelecerá no coração tranquilo...

"A Terra, aliás, não é fim, destino, consoante estamos aprendendo. É meio, escola, recurso de que nos utilizamos para ascender a planos realmente ditosos.

"Quem deseja usufruir sem merecer, receber sem dar, colher sem haver semeado é obrigado a furtar e convertesse em indigno beneficiário da vida, que lhe impõe recomeços difíceis.

"Todos podemos conseguir a felicidade, se soubermos e quisermos bem conduzir nossas aspirações.

"Muitos desejariam um pomar referto, um jardim de messes... Por não consegui-los, desalentam-se, esquecidos de que também poderiam tornar-se um arbusto verde no caminho pedregoso, adornando a estrada adusta; uma árvore sobranceira, mesmo solitária, quebrando a inclemência e aridez da terra...

"A montanha altaneira e íngreme, não raro, de quando em quando, nas frinchas e patamares, abre-se em vegetação teimosa, que reverdece o negrume sombrio da rocha e parece abençoar o minério, abrindo flores exóticas e raras que recebem o ósculo do Sol, da vida, em nome do Construtor divino.

"Felicidade, minha filha, é o bem que fazemos, não o gozo que fruímos. Não vemos os mesmos desaires entre opulentos e miseráveis, as mesmas tragédias nos palcos da glória e do fracasso, os mesmos desassossegos nos palácios e nas taperas?

"A felicidade não resulta do que se tem e do que se frui, mas do que se é e do que se faz.

"Jesus, podendo permanecer no sólio do Altíssimo, conviveu com as sombras hórridas dos vales humanos, a fim de clarear com insuperável luz as baixadas em que chafurdam as criaturas, fazendo-as anelar pelas claridades estelares do infinito.

"Não nos queixemos! A reclamação reflete insatisfação pelo que temos, a traduzir a revolta de que nos consideramos defraudados e, em consequência, injustiçados por Deus...

Cada um recebe, não como julga merecer, porque a verdade é que coisa alguma merecemos, mas de acordo com o que nos seja melhor para o bem-estar real, entende?

"Não se lamente mais e saia do egoísmo vexatório, insatisfeito, fator da sua inquietação, aprendendo a descortinar belezas e esperanças.

"A fim de consegui-las, arrebente as lentes enfumaçadas por meio das quais tem olhado a vida e abra-se à luz.

"Eis aqui um exemplo: se fecharmos a janela, campeiam as sombras neste recinto, agora em ouro; se a abrirmos, reinará a claridade.

"O sol do amor divino brilha incessantemente. A forma como se encontrarem as janelas das nossas intenções espirituais, morais e mentais, dirá do que preferimos: luz ou sombra, alegria ou dissabor..."

— Muito bem! — não se conseguiu calar o Dr. Armando, que a ouvia fascinado —. Não sabia que a senhora possuía tão sólida cultura...

— Desculpe-me o venerando benfeitor — interrompeu-o, gentilmente —, não se trata de cultura, mas de reflexões, de alguns estudos recentes, de inspiração...

De fato, utilizando-se das leituras edificantes que armazenava na mente e insculpia nos sentimentos nobres, D. Artêmis fora dirigida com segurança, em abençoado processo de inspiração, pela genitora venerável.

— Mamãe é espírita — adiantou Lisandra, com um sorriso jovial.

— Como? Eu deveria ter percebido pela resignação e coragem com que vem lutando estoicamente. Com a graça de Deus, eu também milito hoje nas fileiras do Consolador. Só aqui, encontrei unguento para as feridas da alma, após o desastre com o meu filho Wander, em quem venho injetando o óleo canforado da alegria de viver, embora paralítico.

"Só a reencarnação me explicou suficientemente o transe por que passamos. Minha mulher, após alguma relutância, tornou-se espírita igualmente. Desejei muitas vezes falar-lhe sobre a Doutrina, ao conhecer-lhe os problemas e dificuldades... Não me atrevi a fazê-lo... Quem a iniciou?

— Cândido, o bondoso enfermeiro...
— Deveria tê-lo suspeitado. Também a mim. Discreto, nunca me adiantou nada sobre a senhora.
— Nem nos referiu sobre o doutor. É, de fato, um verdadeiro espírita: sincero, humilde e nobre.
— Recordando-me, já vi Gilberto, se não me engano, entre os rapazes em nossa casa. Ele a frequenta?
— Sim, doutor, duas vezes por semana.
— E eu, que ainda não a vi por lá.
— São tantas pessoas! Algumas vezes vamos com Hermelinda, de outras, com o filho. Encontramos ali a verdadeira razão para viver.
— E o Rafael, sabe?
— Sim. Também se fez espírita, à instância carinhosa...
—... De Cândido! Que pregador devotado ele tem sido! Tornou a vida uma verdadeira pregação e discretamente vai semeando, despertando vidas para Jesus. E eu que, ingênuo, percebia as radicais transformações no comportamento do nosso Rafael, sem atinar com a razão...

Não se conteve o médico e pôs-se a rir.

D. Adelaide e outros amigos espirituais, inclusive os benfeitores que dirigiam a sociedade espírita-cristã que todos frequentavam, foram os fomentadores da identificação, exultando com o feliz desfecho, do que se iniciara com perspectivas de desgraça, à véspera...

A conversação alongou-se, auspiciosa, por mais alguns minutos.

— Daremos alta a Lisandra com mais dois dias, se tudo prosseguir bem. Então, eu próprio a levarei a sua casa — explicou o médico, bondoso —. Não há por que se preocuparem mais. Entreguemos os resultados a Jesus e deixemo-la, agora, repousar.

As despedidas foram afetuosas e amenas, retornando as duas almas irmãs, reanimadas, para o labor do futuro.

O bem e a fé venciam a astúcia do mal, a agressão da incredulidade.

20 O amor vence o ódio

Quando Cândido chegou à colônia, no dia seguinte ao lamentável incidente com Lisandra, o Sr. Rafael procurou-o, apreensivo.

— Tive uma noite de torpes pesadelos — referiu-se, antes de mais nada — e estou-me sentindo, desafortunadamente, muito indisposto.

Sem saber como explicar-lhe o ocorrido, o respeitável interlocutor manteve-se em discreto recolhimento, tentando sintonizar-se com as fontes da Providência divina, a fim de saber como fazer. Com amizade sincera, olhou o amigo, enquanto este desfilava preocupações e desassossegos.

— Pressentimentos vinagrosos me assaltam — prosseguiu com dificuldade —, fazendo-me experimentar incontida agonia íntima.

"Hoje, posso atinar com os males que devo ter praticado, em face das inquietações que me consomem, exigindo-me o alto preço da paz interior.

"Sinto na alma e no corpo a violência dos danos que me dilaceram, respondendo ao apelos das minhas desditosas vítimas.

"Embora o infinito consolo que encontro no Espiritismo, percebo-me enlouquecer, à semelhança da minha desventurada filha, lenta, porém seguramente. Ocorre-me, como sucederia a quem descesse sombria escada no rumo de tortuoso labirinto subterrâneo, imerso em trevas... Simultaneamente, deparo-me com as vítimas das minhas delinquências transatas, ressumando ódio e aguardando vertê-lo sobre mim em expelência de ácido..."

O bondoso espírita, que o ouvia e observava, em prece, verificou, então, nele estampadas, as garras da enfermidade rigorosa. As mutilações faziam-se visíveis... O rosto, demasiadamente deformado, volumoso, retinha os lepromas em degenerescência; a expressão leonina, os olhos avermelhados e as pálpebras feridas, as abas das narinas carcomidas produziam compaixão... As mãos padeciam os reflexos das amputações de alguns dedos, o mesmo ocorrendo com os pés que completavam o quadro externo, numa visão constrangedora do sofrido senhor.

Um sentimento de funda piedade e insopitável manifestação de amor assaltaram Cândido que, intuitivamente, compreendia serem aqueles, apenas, os princípios das dores...

Conhecia, por experiência pessoal, a agudeza das cobranças morais promovidas pelos desafetos, quando se sentem defraudados e resolvem, enlouquecidos, *justiçar* os seus verdugos, a seu turno fazendo-se arbitrários sicários.

Empedernidos nos sentimentos, violentamente arrebentados, são baldos de emoções enobrecedoras e insaciáveis na fúria da punição.

Chegado o momento do ajuste de contas, convertem-se em chacais, cuja sanha não cessa, mesmo quando os despojos das presas nada mais podem oferecer...

— Não se desalente — respondeu o dedicado médium da caridade —, nem se arreceie. Seus pressentimentos tormentosos são justos, seus pesadelos procedem. Quem de nós pode olhar para trás sem defrontar a horda de infelizes que se asselvajaram por nossas inconsequências? Enriquecidos pela fé que esplende esperanças em nossos corações, deveremos empunhar as armas da coragem e da inalterável confiança em Deus, mediante as quais combateremos de espírito forte e resoluto, rumando para os objetivos da nossa liberação definitiva.

— Se algo, porém, fizer piorar a situação da família, sabendo-me responsável, como ficarei?
— De ânimo inquebrantável nos propósitos de reparar o mal e recuperar o bem perdido. Além disso, cada um recolhe conforme espalha, e, sem dúvida, Deus é o Pai amantíssimo de todos nós.
— Como se foi, ontem, em nossa casa?
— Muito bem.
— Lisandra, como está?
— Internada no pronto-socorro.
— Aconteceu alguma coisa grave?
— Sim, porém está fora de perigo, em franco refazimento.

E minudenciou a ocorrência, buscando dar-lhe um tom natural, de modo a diminuir o impacto da notícia. Com pausada e serena voz, acalmou o genitor perplexo, encorajando-o no prosseguimento dos deveres, ante a vitória lograda, pela interferência providencial que impedira o trágico decesso da jovem.

O acabrunhamento que lhe nublou a face dizia da infinita mágoa que se apossava do hanseniano triste.

Sem embargo, o verbo quente e macio do enfermeiro se encarregou de erguer-lhe o ânimo e de incitá-lo ao aproveitamento da hora, com o consequente lucro da aflição bem recebida. Função sublime tem a dor: submeter a rebeldia e alçar o espírito, dignificando-o e fazendo-o ressarcir as misérias anteriormente a outros impostas.

Nos dias subsequentes, e como o Dr. Armando Passos mantivesse salutares e eficientes conversações com o paciente coidealista, desvelando sua própria condição de espírita militante, a instâncias da palavra elucidativa e das informações ministradas, o Sr. Rafael recuperou-se moralmente do abalo, embora dificilmente lhe desaparecessem o constrangimento e a decepção defluentes da malograda agressão da treva, em relação aos seus dias futuros...

Retornando ao convívio do lar, Lisandra volveu ao mutismo, à infelicidade que lhe apetecia entreter. Inúteis todos os chamamentos do carinho materno, as advertências dos novos amigos. Recusava-se a sair do quarto e encerrava-se, cativa, nas sombras das janelas e porta fechadas. Negou-se, definitivamente, a participar das reuniões espíritas, no Centro, e só a custo assentia em assistir às orações conjuntas no lar.

Os Ferguson já haviam sido admitidos nos trabalhos mediúnicos da sociedade, após a fase preparatória que ultrapassaram e, atendendo às sugestões de Epifânia, não impuseram qualquer constrangimento à enferma, no sentido de conduzi-la contra a sua vontade aos estudos públicos.

Em oportunidade própria, quando se realizava o ministério do socorro desobsessivo, o mentor da dedicada médium, Natércio, informou que os problemas espirituais, referentes à família Ferguson, seriam atendidos por etapas.

D. Artêmis exultou em silêncio. Soubera confiar em Deus e esperar, sem importunar com insistências inconvenientes os diretores, encarnados ou desencarnados, da instituição em que militava. Aprendera com a Doutrina o ensino edificante a respeito das expiações e provas, sabendo que os eventos de qualquer natureza obedecem à programação bem urdida, pois que nem mesmo uma só folha de árvore cai que não seja pela Vontade do Pai.

Após as instruções normais, transmitidas pelo orientador, inditosa personagem, agressiva e agitada, passou a controlar a faculdade psicofônica de Epifânia.

O médium doutrinador, tentando o diálogo fraterno, iluminativo, conclamou-a à paz, que somente o perdão proporciona a quem se considera vítima.

O indignado comunicante, em explosão de ódio, desabafou:

— Perdão?! Nunca! Cobrarei até o exaurimento os males e as desditas que o bandido me impôs. Bandido, ladrão e homicida, quem o diria? As roupas caras que lhe guarneciam o corpo lascivo não lhe ocultavam o espírito de vândalo e criminoso...

No mesmo tom de chufa e ira mal contida, prosseguiu:

— Tirou-me o corpo, mas não me venceu a vida. Destruiu-me a carcaça, porém não me consumiu a existência. Perdi-o de vista por anos e anos a fio, até reencontrá-lo, numa caçada obsessiva, que se converteu na minha única razão de ser. Tudo mais esqueci para não o esquecer. Desarticulei-me num ódio destrutivo, que me fixou apenas nele. Nada mais me interessa.

Deixando que o visitante drenasse o excesso de desequilíbrio por algum tempo, o diretor dos trabalhos indagou:

— A quem te referes? Ignoramos o que ocorre contigo, exceto que te encontras enfermo e careces da ajuda de Jesus, o Médico divino, que te estende mãos gentis e misericordiosas.

— Agradeço-as e recuso a ajuda. Ninguém me socorreu quando o abutre voraz me triturou entre as garras de ferro e me penetrou o bico adunco de aço nas carnes da minha alma e dos meus sentimentos de homem pobre, todavia honrado, que lhe padecia o jugo infeliz... Ora, refiro-me ao Sr. Georges-Henri de... hoje Rafael Ferguson, o leproso, único epíteto que lhe cai bem, por ostentar no corpo venal, em apodrecimento paulatino, as flores do lodo que fecundou na alma odienta... A ele refiro-me.

— Não te condóis, defrontando o teu antigo perturbador, duplamente encarcerado, após o crime de que te dizes vítima? Ei-lo no presídio do corpo em lepra e da cela física que o isola da comunidade, do seio da família, acompanhando o próprio desequilíbrio da máquina que se desorganiza em putrefação...

— Condoer-me? Apenas acompanho o que lhe ocorre, com indiferença, porquanto ainda não lhe cravei os punhais certeiros do meu desforço, que planejo, demorado. A morfeia que o deforma somente lhe retira a máscara externa, fazendo assumir a expressão exterior da sua personalidade interna, real...

"Há quase cem anos que o busco... Alguém daí, da Terra, pode imaginar o que são cem anos de procura, açulado por uma implacável sede de vingança? Tive dificuldades em identificá-lo, ignorava o mecanismo da volta ao corpo... Quando me deparei sobrevivendo à morte, atinei que o encontraria... É certo que muita coisa é diferente cá, neste estranho e imenso mundo em que me encontro. Pouca luz e muita desgraça entre espessas sombras. A preço exorbitante, saí do dédalo em que chafurdei, até aprender a identificar a dimensão do tempo, as ocorrências fora dos nossos sítios... Não faltam, aqui, porém, aqueles que ministram justiça, os que negociam informações, os que vendem identificações, os que ensinam cobrança... Somos uma sociedade de exterior caótico, porém de organização poderosa, muito bem planejada... Não fôssemos nós os homens que viveram na Terra! Mas isso não interessa.

"Afinal, por que o diálogo? Que tem você com isso, com a minha e a vida dele?"

— O diálogo se explica por sermos criaturas de Deus, que sabemos conversar. Aqui é um hospital-escola de amor onde cicatrizamos feridas mediante o unguento da fraternidade e a injeção da esperança na augusta Bondade de Deus. E em consequência todos sempre temos algo a ver uns com os outros, porque somos irmãos procedentes do mesmo e único Pai.

— Não eu. Não tenho irmãos e sou órfão... Desconheço qualquer paternidade, em razão de sempre haver lutado contra a correnteza e ser esmagado pelos ríspidos em fúria...

"Não converso mais. Não o vejo aqui e não há razão para essa perda de tempo desnecessária. Planejo, hoje, levá-lo à loucura... Amigos diligentes, que também lhe sofreram o azorrague da impiedade, aguardam-me e ajudam-me. Não ficarei mais".

— Enganas-te, amigo. Aqui, também, todos obedecemos a uma diretriz, a uma organização. Não se entra e sai a bel-prazer, como numa casa de recreação. Deveres e compromissos altos nos retêm. Desculpa-me e ouve.

"Como não ignoras, a morte liberta a vida, mas não libera o homem, porquanto a consciência prossegue escrava do a que ele se agarra. Se o amor lhe lucila no imo d'alma, desvencilha-se de constringentes grilhões; caso contrário, o ódio o acorrenta às contingências de penosa retenção impondo-lhe cruel regime carcerário, na Terra e no Espaço.

"Por que preferir o martírio à felicidade, quando esta é tão fácil?

"Georges Henri não deve a ti, mas a si próprio; por essa razão expia num leprosário. Será justo mais afligi--lo e, na tua insânia obsidente, expulsá-lo da vida? É o que desejas?"

— Absolutamente, não. O meu interesse é supliciá-lo até a exaustão.

— Reflete, porém, com acerto. Não temos maior interesse por ele do que por ti. Ao contrário, a ti estamos conhecendo e sobre ele nada sabemos, senão o que ora nos narras. Indispensável considerar que ontem foi o teu algoz sem coração e que, agora, tomaste o seu lugar. Não te desarvores, porque ocorrerá que ele, também, não morrendo, enfrentará o quadro modificado: tornarás a ser-lhe vítima infeliz, se ele raciocinar, amanhã, conforme fazes agora. Por que não o deixar nas mãos de Deus, que é a Justiça suprema?

— Porque Deus não me socorreu, quando caí nas garras do desalmado e exauri-me até a morte dolorosa...

— Quem te libertou dele? No entanto, preferiste continuar prisioneiro de tua vítima, quando poderias transformar-te no seu benfeitor.

— Benfeitor do meu destruidor?

— Naturalmente. Ninguém destrói ninguém. Morte não é fim. Padeceste-lhe a agudeza da impiedade, porque já devias, a teu turno, e a Lei alcançou-te, utilizando a invigilância dele, porquanto não começaste a vida há apenas um século... Outrossim, a melhor e mais eficiente técnica para nos libertarmos de alguém é beneficiar essa criatura, porque o benfeitor ascende e cresce, enquanto o beneficiário apenas necessita... Enquanto mantemos as lutas de revides contínuos, o processo de desgraças recíprocas prossegue, até o momento em que a intervenção divina se faz, beneficiando aquele que melhor tem sofrido, embora a trama em que se debate...

"Não sejas a causa da tua contínua desdita, que te não ajuda em nada. A vingança é como água salgada, que não aplaca a sede, antes piora-a ao ser sorvida; às vezes é ácido que requeima ao invés de dessedentar."

O diretor falava sustentado por Natércio, que ministrava socorros providenciais ao comunicante, assistido por lúcida e bela entidade feminil. A personagem tocou a fronte do manifestante, que nada percebeu. Penetrado por energias vigorosas, explicou:

— Recordo-me... Volvem-me ao pensamento, à lembrança, as cenas e os lances que culminaram com a minha desgraça. Vivíamos, minha mulher e eu, nos arredores da inesquecível Dax, uma das mais antigas cidades balneárias do Departamento de Landes, na França... Nossa casa pertencia ao hediondo Sr. Georges-Henri, descendente dos antigos viscondes que dominaram a região desde a Idade Média, os desumanos B[9]...

"Embora a tradição de nobreza, era ele um abutre. Falava-se que era arbitrário e dominador, criminoso e insano...

"A época era má e, como lhe houvesse mais de uma vez recorrido a empréstimos que não pude resgatar, após intimar-me, mandou-me prender, única forma de impedir-me, em definitivo, de regularizar o débito. Poderoso, fez-me condenar a injusta pena...

"A razão do meu encarceramento obedecia a outros interesses mais escusos... O maldito desejava minha esposa, que lhe desprezara a corte. Licencioso e infame, procurou persegui-la quanto pôde. Após meu impedimento, já que os desonestos não confiam na integridade dos outros, tramou destruir-me para apossar-se facilmente da presa, logrando êxito, em parte, no plano astuto...

---

[9] Nota do autor espiritual: Por motivos óbvios foi supressa a identidade da família.

"Retido no cárcere imundo e vindo a descobrir qual o seu objetivo, de horror e ódio alimentei-me, negando-me morrer, a fim de um dia destruí-lo, apesar de criminosamente esquecido, para que a vida me fosse roubada pela inanição ou pelos maus tratos...

"Fazendo-se passar por benfeitor da minha Louise--Caroline, jovem e ardente, relegada a uma quase viuvez, por pouco não a seduziu para explorá-la miseravelmente.

"Revoltado pelo insucesso, internou-a depois num convento da Espanha, por vingança à sua fidelidade, enquanto eu apodrecia, abjeto, na cela imunda.

"Dois anos depois do meu inditoso encarceramento, fui informado de todos esses transes que sofreu minha mulher, por meio de outro prisioneiro que chegava dos campos, por crime de somenos importância e conhecia o meu infortúnio, supondo-me morto, conforme se pensava além dos muros da prisão maldita..."

A entidade fez uma pausa no seu relato de dor e explodiu em pranto.

— Ainda agora — prosseguiu, sofredor —, dilacera-me a alma a lembrança... Quanto valia o pobre? Ceifar-se a vida de um camponês ou de um homem humilde era até um favor para a burguesia odienta e ociosa...

"A minha fúria foi, também, minha destruição... Não suportei a carga do desgosto e sucumbi...

"Descrever o que me sucedeu, é-me impossível... A verdade, que não posso ocultar, é que me descobri vivo, mas nunca mais encontrei Louise... Amei-a mais porque posso atinar com o cerco que padeceu, pobre ave desarmada para voar, e depois pressinto quanto terá sofrido no cárcere conventual para onde foi exilada... Ali, certamente, se elevou a Deus, condenada por ser fiel ao amor..."

— E se a reencontrasses agora?

— Seria o paraíso no meu inferno, porém não perdoaria, ainda, o desditoso bandido que me roubou por tantos anos a luz dos meus olhos e é culpado pela nossa demorada aflição. Além do mais, somos vários os que se contam como suas vítimas, por ele desgraçadas.

"O pobre Jules, que sou eu, representa uma pequena parte da sua imensa dívida..."

— Conforme te falei, cada um deve a si próprio e ao equilíbrio divino o crime perpetrado que ninguém defrauda sem lhe sofrer os resultados... A vida é um patrimônio sagrado que ninguém desarticula, explora ou interrompe impunemente. Por isso, deixa Georges-Henri entregue a si próprio e pensa em ti. Já consideraste que ainda não encontraste Louise, porque, talvez, estejas focinhando no charco, enquanto ela fulge, vítima redimida, como estrela, no alto, e se esforça por ajudar-te, ao tempo em que lhe negas a oportunidade da ascensão?

"A ela constitui um martírio tua distância — punição que não merece — como se ainda não lhe bastassem os pensamentos de fogo na jaula da clausura, não obstante haver perdoado o seu perseguidor e responsável pelos desaires de ambos."

O argumento inspirado por Natércio era seguro e legítimo, porquanto, naquele momento, a entidade nobre que era Louise-Caroline colaborava para o despertamento do seu amado e desesperado Jules...

O Espírito generoso vinha desde há algum tempo preparando aquele momento... Inspirando mais diretamente o médium doutrinador, controlado por Natércio, aduziu:

— O momento do reencontro está próximo, porque o Senhor não planeja a extinção dos maus, porém a dos males. Gostarias de envolvê-la nos teus braços com estes abertos em purulência, falar-lhe ressumando ódio, deixarte fitar nesse estado simiesco, ou preferirias a tranquila prata do luar como moldura e a emoção de felicidade como disposição para o reconforto do afeto? Falaste em Dax, nos seus balneários... Esqueces o rio...

— Adour, tranquilo, em cujas margens nos encontramos um dia e ali volvíamos com frequência para tecer nossa coroa de sonhos... Oh! não, não me olvido de nada. A avidez do desforço contra o abutre me desvaira há muito, e as cenas felizes ficaram escondidas na saudade, longe. Tudo isso, bom e santo, não volverá jamais, juro, só as cinzas e o lodo em que se converteu minha abominável existência.

— Equivocas-te. Poderias reencontrá-la, agora, se o quisesses.

— Como?!

— Esquecendo o ódio para pensar e alçar-se no amor...

— E o infeliz destruidor de vidas?

— Não ficará, como não se encontra, impune.

— Porém não consigo...

— Ou não queres...

— Não sei... Só sei que daria tudo para revê-la, ouvi-la, alma querida, nesse labirinto vulcânico em lava viva, em que circulo sem saída.

— Pensa em Jesus e suplica-Lhe a concessão por que anelas e, embora não a merecendo, confia. Acalma-te primeiro, a fim de que o amor te penetre. Ainda sabes orar?

— Não sei, não me recordo se sei fazê-lo.

— Ora, então, conosco e repousa. Dize... *Senhor de nossas vidas...*

A prece inspirada, conduzida por Natércio em sentida súplica, era repetida por Jules, em lágrimas de verdadeira renovação, enquanto Louise, como noiva devotada, o envolvia, agradecida a Jesus, em fluidos entorpecentes com que o acalmava, a fim de conduzi--lo a uma estância de refazimento feliz, onde se recomporia para o futuro, após tão longo desajuste e tão demorada fuga ao dever da reabilitação interior. A presença da dor decorre do tempo em que permanece ausente o amor. Quando o Espírito se envilece pelo ódio, por qualquer das paixões dissolventes, cai e retém-se nas fixações inferiores em que passa a experimentar os efeitos da própria insânia.

Fechado na concha forte da ideia infeliz, não tem por onde permitir que penetre o socorro que nunca falta, mas que a si mesmo se recusa, por exigi-lo consoante supõe ser a melhor forma e não conforme lhe é verdadeira dita e terapia salvadora.

O amor acalmara o ódio, no exemplo em pauta, ensejando o luzir da esperança de paz para todos.

Louise-Caroline, transformada em enfermeira amorosa, cuidaria de Jules doente a requisitar-lhe socorro por largo tempo, enquanto Georges-Henri, nosso Rafael, sem a pertinaz sugestão da vingança que o consumia, mantida pela antiga vítima, libertava-se da constrição do desafeto, não, todavia, da imperiosa necessidade de reparação dos males praticados contra aquele e suas demais vítimas.

Renovando-se pela fé e modificando-se pela dor, solveria os gravames com amorosa atitude de resignação perante a vida, em criteriosos pagamentos enobrecidos. Sem as induções teleconduzidas por Jules, não estava propenso, relativamente, a agravar a situação, em face da rebeldia, do desespero, da alucinada fuga pelo suicídio ou a criar novos comprometimentos por meio da sistemática animosidade contra todos e tudo.

O amor, portanto, prossegue sendo a mais eficiente terapia para todas as doenças, e o perdão ao mal o melhor contributo para a vitória do bem... Antes do encerramento da feliz reunião, o irmão Natércio agradeceu ao Senhor os resultados obtidos e exortou todos ao exercício da caridade, como medida preventiva contra os males que existem no homem, assim impedindo a sua erupção perigosa.

21 O Centro Espírita Francisco Xavier

D. Artêmis e Hermelinda compreendiam, agora, as justas razões por que a hanseníase lhes arrancara do lar o esposo e irmão querido, sempre atormentado pela irascibilidade e prepotência que trazia na alma rude desde antes. A pungente narração de Jules, embora a mágoa destilando o fel do ódio, lhes sensibilizara o espírito. A reação dele, que se não penetrara das dúlcidas lições de Jesus, era compreensível, perdoável. Felizmente, a palavra de amor e luz lhe chegara à sensibilidade, e a interferência da esposa do passado alcançava-o a tempo de diminuir a inclemência persistente da sua maceração íntima.

A mediunidade dignificada pela renúncia e abnegação em Epifânia era, sem dúvida, um santo instrumento de consolações, ajudando na reabilitação dos equivocados em si mesmos. Chegaram ao lar em tranquilidade, encontrando-o imerso em silêncio acolhedor. Os jovens repousavam. Logo se serviram de frugal alimentação, as duas buscaram o sono refazente e adormeceram com o espírito dulcificado, reconhecido.

O incansável Natércio, que programara a assistência aos Ferguson, após inteirar-se de toda a ocorrência, bem como da programática futura já delineada, atendendo às solicitações da nobre Adelaide, organizara o prosseguimento do exame e atendimento das dificuldades existentes para aquela noite mesma.

Objetivava-se, com a experiência em pauta, deslindar seus dramas pretéritos, mediante cuja ação se poderiam resolver os enigmas geradores das aflições ultrizes. Desse modo, à medida que as horas se acentuavam na noite plena, trabalhadores desencarnados, adrede convocados, passaram a atuar, conduzindo as personagens envolvidas na urdidura daqueles destinos e recolhendo-as no recinto consagrado aos ministérios mediúnicos, na casa espírita.

A sociedade espírita, dedicada ao ministério do esclarecimento, conforme as finalidades superiores da Doutrina Kardequiana, não se resume às paredes da construção temporal. Antes que se consolidassem os planos para a edificação material daquela instituição, Natércio, que se encarregava de instruir e conduzir

Epifânia, cujas faculdades mediúnicas deveriam ser colocadas totalmente ao serviço iluminativo das consciências, providenciou as primeiras diretrizes sobre as quais fundamentaria a obra, que deveria sobreviver aos homens e prosseguir, se por acaso estes viessem a debandar, dominados pela trivialidade peculiar a um sem-número de criaturas.

Profundo admirador e discípulo de São Francisco Xavier, que fora na Terra incansável propagandista da fé cristã, tendo-a levado ao Japão, à China e à Índia, no século XVI, recorreu ao fiel apóstolo de Jesus, suplicando seu patrocínio espiritual para a casa que se pretendia erguer e cuja finalidade seria a da divulgação do Cristianismo na sua pureza primitiva.

Recebido pelo mensageiro do Cristo, cuja vida fora dedicada à cultura e à expansão da Doutrina de Jesus, expôs o programa que, com humildade, objetivava realizar.

Incrementaria entre os homens o ardor da fé e a pureza dos princípios morais, conforme as regras simples dos *seguidores do caminho*, sem os atavios do dogmatismo, da aparência, dos formalismos.

Desejaria trazer de volta aos corações os postulados cristãos que pudessem abrasar os espíritos e refundi-los na forja da caridade, preparando o advento dos *novos tempos*, de que Allan Kardec fora o recente precursor.

Rogava-lhe, desse modo, o beneplácito da proteção e guarda para os empreendimentos em pauta, considerando o seu carinho por aqueles que ignoravam, no passado, a mensagem libertadora.

Agora, embora os homens se vinculassem a denominações cristãs, negavam à vivência do Evangelho, demorando-se em condições mais lamentáveis do que os antigos pagãos, que ele buscara converter, nos tempos heroicos.

Asseverava haver muita propaganda do Mestre e demasiado desconhecimento moral da excelência das suas lições, quando transladadas para a intimidade de cada crente.

Relatou as dificuldades vigentes nos dias atuais, a licenciosidade e o egoísmo soberanos, o materialismo e a displicência dos governantes. Aludiu também às massas de sofredores, em legiões de desesperados, carecendo de luzes para a noite moral em que se aturdiam.

O templo, cuja construção estava planejada, trabalharia sem cessar, por meio de equipes constituídas de seguidores do santo das Índias, interessados em reativar a fé e reconduzir as criaturas a Jesus...

Terminado o relato, que fora minudente, porém sem os detalhes de pouca relevância, recebeu o aval do insigne missionário, sob as condições de ali se primar pela preservação do Evangelho em suas linhas puras e simples, num clima de austeridades morais e disciplinados serviços iluminativos, com os resultantes dispositivos para a caridade nas suas múltiplas expressões, tendo-se, porém, em vista que os socorros materiais seriam decorrência natural do serviço espiritual, prioritário, imediato, e não os preferenciais...

Não deveriam esquecer-se de que a maior carência ainda é a do pão de luz da consolação moral, que o *Livro da Vida* propicia fartamente... A orientação procedia, sábia, porquanto, muitas vezes, se substituem os deveres primeiros e mais urgentes, os da alma, por outros de caráter secundário, referentes ao corpo.

Certamente, alguém em aturdimento por falta de pão ou de saúde, sob dores e espículos venenosos, não sabe nem consegue ouvir a palavra de vida eterna e até se rebela quando a escuta. Todavia, a pretexto de atender-se à aflição, à fome, à enfermidade e à dor, muitos cristãos se detêm na terapia externa, sem averiguarem as nascentes do mal, a fim de o estancar nas suas origens, impedindo-lhe o crescimento e o contágio.

Pensa-se muito em estômagos a saciar, corpos a cobrir, doenças a curar... Sem menosprezar-lhes a urgência, o Consolador tem por meta primacial o espírito, o ser em sua realidade imortal, donde procedem todas as conjunturas e situações que se exteriorizam pelo corpo e mediante os contingentes humanos, sociais, terrenos, portanto...

A assistência social no Espiritismo é valiosa, no entanto, se precatem os "trabalhadores da última hora" contra os excessos, a fim de que a exaustão com os labores externos não exaure as forças do entusiasmo nem derrube as fortalezas da fé, ao peso da extenuação e do desencanto nos serviços de fora. Evangelizar, instruir, guiar, colocando o azeite na lâmpada do coração, para que a claridade do espírito luza na noite do sofrimento, são tarefas urgentes e basilares, na reconstrução do Cristianismo.

Os compromissos materiais de assistência social, na sua dinâmica de crescimento incessante, podem dificultar a livre ação moral de muitos trabalhadores honestos, que se veem obrigados a fazer concessões doutrinárias e morais, a fim de não perderem ajudas, valores, bens transitórios que produzem rendas e facultam socorros...

Indubitavelmente, a caridade material merece consideração e carinho, dedicação e esforço de todos nós, que devemos conjugar forças para seu desiderato. Mas a caridade moral, de profundidade, a tarefa do socorro espiritual, não contabilizada, nem difundida é urgentíssima, impondo-nos a necessidade de atenção e zelo.

Multiplicam-se admiráveis locais de socorro humano, material, iniciados a expensas do Consolador, onde a técnica vem substituindo o amor, com a saturação do serviço pelo excesso e repetição gerando irritação e mal-estar e fazendo que se falhe nas horas do socorro moral, nos atos da paciência e humildade, nos ministérios espirituais da palavra esclarecedora, do passe reconfortante...

Multiplicam-se os métodos de simplificação, ensejando frieza ao ministério e ausência de calor humano, falta de afeição espiritual ao sofredor. O tempo encolhe e a pressa lhe toma o lugar, não havendo, já, em muitas entidades, lugar nem tempo para Jesus ou para os obsidiados, os ignorantes do espírito, os impertinentes, tais as preocupações, os compromissos sociais, as campanhas e movimentos pela aquisição argentária...

Sem qualquer restrição à prática da caridade material, inadiável e sempre presente a todo tempo e em qualquer lugar, a excelente caridade moral, a luminosa caridade espiritual, que beneficiam o paciente e edificam o benfeitor, fortalecendo-os e alegrando-os no Senhor, com quem deverão manter fortes vínculos de perfeita comunhão interior, constituem-se em imperativo primordial e insubstituível.

O abnegado Francisco Xavier solicitava, no exercício da caridade, preferência pelos enfermos do espírito — que somos quase todas as criaturas pululando na Terra e nos seus círculos mais próximos —, particularmente os obsidiados, em cujo ministério se deveriam cuidar com acendrado carinho dos perseguidores desencarnados, aos quais se ministrariam assistência consoladora capaz de desvencilhá-los do mal que trouxessem em si mesmos, para fruírem da libertação que a palavra de vida eterna propicia.

Como consequência, a mediunidade de Epifânia estaria a serviço do esclarecimento aos sofredores de ambos os planos da vida. Suas forças morais e sua vitalidade espiritual seriam canalizadas para a desobsessão, a pregação, a mensagem psicografada, com vistas à iluminação das criaturas.

Estabelecidas as linhas-mestras, a médium, em espírito, fora cientificada das responsabilidades que lhe cabiam e dos sacrifícios que se deveria impor, de modo a não comprometer a superior interferência das Esferas mais Altas...

Sucessivamente, antes mesmo que se definissem os planos da edificação material da casa, foram tomadas medidas no que dizia respeito aos contingentes magnéticos no local e outras providências especiais.

Ergueu-se, posteriormente, o núcleo, em cuja construção se observaram os cuidados de zelar pela aeração, conforto sem excesso, preservando-se a simplicidade e a total ausência de objetos e enfeites que não os mínimos indispensáveis móveis e utensílios para o seu funcionamento.

Todavia, nos respectivos departamentos reservados à câmara de passes, recinto mediúnico e sala de exposições doutrinárias, foram providenciadas aparelhagens complexas e com finalidades específicas, para cada mister apropriadas, no plano espiritual.

Espíritos especializados em impregnação magnética do ambiente foram requisitados para a criação de uma psicosfera salutar, e, ulteriormente, ficaram destacados alguns obreiros para o trabalho permanente de preservação e renovação. Outrossim, instalaram-se recursos de defesas, a fim de se resguardarem a Casa e os seus frequentadores das nocivas investidas das hordas de salteadores e vagabundos desencarnados, como, também, para se fazer a triagem dos que, do *lado de cá*, poderiam penetrar-lhe o recinto...

Em sucessivas instruções, o admirável Natércio — que, no século XVII, seguindo o mestre de Navarra, se dedicara ao apostolado no Oriente, tendo-se entregue ao martírio nas terras chinesas do Norte — ensinava aos companheiros do plano físico como deveriam comportar-se e preservar o recinto quanto às conversações frívolas e vulgares, responsáveis pela sintonia com Espíritos ociosos e malévolos, que se insinuam por meio das mentes invigilantes e, não raro, se introduzem nos locais que lhes são vedados, por perturbação nas defesas, em virtude das urdiduras e responsabilidades dos médiuns e diretores invigilantes.

Hospital-escola para os que sofrem, o centro espírita é templo de recolhimento e oração, onde se estabelecem, se fixam e por onde transitam as forças da comunhão entre o homem e Deus.

Em toda parte, sem dúvida, pode e deve o homem elevar-se ao seu Criador, no entanto, dedicando-se a misteres muito complexos e elevados, quais os das incursões profundas nos cernes da alma, mediante os serviços de desobsessão, de despertamento da hibernação de que padecem muitos desencarnados, do deslinde dos vínculos infelizes e do socorro às regiões purgatoriais, no lugar em que se realizam tais relevantes obrigações não podem coexistir a leviandade e a honradez, a chufa e o verbo edificante, a esperança e a revolta...

Larvas mentais, ideoplastias perniciosas, vibrações deprimentes, fixações dissolventes dos frequentadores encarnados como dos Espíritos desencarnados conspirariam contra a saúde psíquica e mesmo física dos participantes das tarefas e aprendizes do evangelho, não fossem os recursos assépticos e os contributos dos mentores, por cuja preservação todos devemos lutar, esforçando-nos por manter ou criar um clima espiritual refazente, acolhedor, pacificante, inspirativo, a fim de que todos nos beneficiemos.

Diferença psíquica significativa tem que apresentar a casa espírita em relação a outros recintos de qualquer natureza, atestando, dessa forma, a qualidade dos seus trabalhadores espirituais e o tipo de finalidades a que se destina...

Com tais precauções e sempre advertindo os afetuosos companheiros do plano físico, Natércio dera início ao ministério público de Epifânia, com quem mantinha constante intercâmbio, fiel aos compromissos esposados sob a aquiescência do magnânimo Francisco Xavier.

Os anos se dobravam sucessivos, enquanto a casa prosseguia no rumo da caridade.

Pouso e posto de socorro, alojavam-se ali caravanas espirituais, em trânsito; obreiros do esclarecimento em observação; aprendizes em exercício; servidores de emergência que recolhiam recém-desencarnados em acidentes, credores de assistência imediata; entidades com programação de urgência, todos haurindo as dádivas da hospitalidade e dos valores que podiam coletar na convivência com os zelosos lidadores desencarnados que operavam como mentor responsável.

Médiuns outros, em diversos graus de educação moral e medianímica, desdobravam-se ao lado de estudiosos da Doutrina, em aprendizagem digna, misturando-se à alacridade infantojuvenil que se armava de fé para o futuro.

A caridade mantinha as portas do socorro abertas, acessíveis a todos, portassem necessidade do corpo, da mente, do espírito, ou, simultaneamente, sempre encontrando distendidas as mãos da solidariedade fraternal, com o pão da vida alongado em sua direção.

Granjeara títulos de reconhecimento espiritual e valor cristão o Centro Espírita Francisco Xavier, onde, agora, se encontravam, em espírito, os integrantes do problema que interligava os Ferguson, a fim de que a dulçorosa misericórdia do Senhor harmonizasse os desafetos, socorrendo-os caridosamente, na sua imensa e inefável redenção.

Naquela noite, o céu bordado de astros parecia um poema sem palavras numa estrofe infinita de luzes, cantando as glórias da Criação, em pontos argentinos.

22 O passado revela o presente

Com ordem e em harmonia foram instalados, após a paulatina chegada, os membros do grupo Ferguson, que a equipe de trabalhadores da casa trazia, anestesiados pelas bênçãos do sono reparador.

Cândido cooperava, lúcido e ágil, com os recepcionistas, postando-se, prestativo, ao lado do Sr. Rafael, também acolitado pelo Dr. Armando Passos; Hermelinda e D. Artêmis encontravam-se amparadas pelo Espírito Adelaide; Lisandra e Gilberto recebiam assistência de enfermeiros especializados do nosso plano; Jules, adormecido, permanecia sob os influxos amorosos de Louise-Caroline, aguardando transferência, enquanto Ermínio Lopez, custodiado, debatia-se na contenção fluídica a que estava submetido pelos técnicos em desobsessão, encarregados de controlá-lo.

Epifânia movimentava-se com facilidade, adestrada a cometimentos daquela ordem e conversava, tranquila, com outros médiuns que foram convidados ao prosseguimento do ministério, naquelas circunstâncias.

Dentre os encarnados, era a única a exteriorizar suave claridade que a emoldurava com expressiva beleza espiritual. Percebia-se que o seu ministério de abnegação e anonimato, de constante dedicação ao bem de todos, fizera-a granjear, além do respeito natural e da afeição de que desfrutava, os títulos de enobrecimento pessoal com que se depurava, aclimatando-se desde logo, enquanto no corpo físico, aos empreendimentos transcendentes na outra esfera da vida.

Informado a respeito da história do clã em resgate e interessado em colher apontamentos para o meu próprio esclarecimento, acompanhava de perto os últimos sucessos, a partir de quando D. Adelaide recorrera aos servidores do Francisco Xavier, passando, a meu turno, a integrar a equipe do venerando Natércio, no destrinçar das malhas e injunções obsessivas, em toda a multiplicidade que constringia aqueles espíritos em graves delitos morais. Acompanhava, interessado, os preparativos da incursão profunda ao passado das personagens, com a sua consequente mobilização de recursos para a harmonização dos desafetos.

Conhecendo Epifânia graças aos seus créditos, que mereciam referências confortadoras em nossa esfera de ação, estagiávamos naquele pouso de atendimento de emergência, adestrando-nos para adquirir experiências que nos pudessem valer no futuro e serem aplicadas em favor de outros necessitados, quanto a mim próprio. Oportunamente utilizáramos os seus recursos psicofônicos e tornáramo-nos bons amigos, ligados pelo mesmo ideal de serviço.

Enquanto jornadeáramos na Terra, sempre nos afeiçoáramos ao socorro desobsessivo, estudando do lado de lá os efeitos perniciosos da indução obsessiva nas organizações física e mental dos pacientes que, não atendidos em tempo, passavam a sofrer o efeito de destrambelhos de vária ordem, resultantes de lesões nos órgãos delicados, encarregados do mundo psíquico...

Noutras vezes, acompanhava o acelerado progresso de enfermidades físicas que não encontravam as defesas orgânicas em campo de resistência, em razão do depauperamento e desgaste impostos por vampirizações exauríveis que roubavam o tônus dos obsessos, a padecerem, simultaneamente, pela invasão de microrganismos perniciosos à saúde...

Não nos fora difícil prosseguir os estudos e observações dessa *virose* de larga expressão, que é a parasitose espiritual de caráter obsessivo, nos múltiplos aspectos em que se apresenta.

O caso Rafael-Lisandra chamara-nos a atenção pelo intricado da insidiosa hanseníase, simultânea à obsessão.

Natércio, ulteriormente, nos explicara que os impositivos cármicos de ambos os consortes do problema insculpiram nos seus perispíritos as matrizes para o desenvolvimento e a cultura do *mal de Lázaro*, que eclodiu em momento próprio como compulsória expiatória, cuja liberação lograriam ou não, de acordo com o comportamento moral e espiritual que se impusessem.

Outrossim, a pressão obsessiva pela vinculação direta com alguns dos antigos desafetos lhes subtraíram forças e resistências orgânicas, fazendo a maquinaria física sucumbir à virulência do bacilo, quando saído da incubação...

Lisandra, sob a técnica fluidoterápica de Cândido, conseguira apressar a "cura clínica", em face, também, da assistência médica especializada e, simultaneamente, como concessão às interferências de D. Adelaide, que sabia não poder aquele débil Espírito atravessar com êxito a jornada, quando o processo mental adicionasse maior soma de desequilíbrios à sua torturada existência. Em razão de tais esforços conjugados, fora-lhe atenuado o *carma*, em procedimento de misericórdia, que a invigilância da jovem auto-obsidiada por pouco não interrompera com inimaginável agravamento para si mesma.

Já o Sr. Rafael, cuja soma de deslizes morais e comprometimentos espirituais se fazia maior, não conseguira receber liberação da enfermidade que o lapidava, não obstante o programa de renovação íntima que ora se impunha. Não conseguira que o amor lhe cobrisse a "multidão dos pecados", por serem débeis os lucilares do sentimento nobre de sua alma que saía das furnas do egoísmo, recém-atraída para o Sol da solidariedade...

Destarte, aquela operação se destinava ao exame das vinculações geratrizes das obsessões.

O problema direto do Sr. Rafael fora estudado e atendido na primeira parte da reunião especializada. Prosseguindo o mister, seria Lisandra a merecer maior quota de atenções...

No momento próprio, quando todos se encontravam a postos, Natércio procedeu a rápidas informações sobre o que se ia realizar, rogando a constante responsabilidade dos presentes, após o que orou, humilde:

Senhor dos sofredores!
Não fosse a certeza da tua misericórdia e não nos atreveríamos a apresentar-nos para o serviço fraternal de solidariedade com os nossos irmãos colhidos pelos calhaus dos sofrimentos.
À semelhança deles, carregamos extenuantes aflições e sofremos dores sem-nomes. No entanto, confiados no teu amor, apresentamo-nos para contigo ajudá-los, confiando na tua providencial sabedoria.
Incipientes que somos, adestra-nos para melhor servir.
Inquietos como nos encontramos, acalma-nos a fim de auxiliar com segurança.
Displicentes como nos apresentamos, corrige-nos de modo a equilibrarmos as forças para a realização do bem operante.

Reconhecemos não ser fácil para nós, que ainda nos comprazemos nos desvios dos deveres, proceder com acerto. Sob tua diretriz, porém, confiamos acertar e insistir até o êxito final.

Discípulos e aprendizes que te amamos, não possuímos firmeza para libertar-nos de nós mesmos. Entretanto, contigo, nada nos deterá.

Neste momento, Senhor, sê conosco e guia nossa timidez perante o dever maior, escudando-nos do mal que teima por demorar em nós, e sê tu quem age e ama a dor dos nossos irmãos por meio de nós.

Quando silenciou, todos nos encontrávamos orvalhados pelas lágrimas de confiança e consolo. Natércio acercou-se de Ermínio Lopez, que acompanhava os preparativos da reunião sem compreender o que ocorria, embora lúcido, e falou-lhe com meiguice e energia:

— Apresentamo-nos para ajudar-te. No entanto, pretendemos auxiliar também os que se acumpliciaram para a tua desdita. Não somos partidários de uns em detrimento de outros, antes procuramos ser amigos, irmãos de todos que nos encontramos vinculados pelos liames amorosos de Nosso Pai...

— Sou, porém, a vítima — interrompeu, furioso, o doente espiritual...

— Não nos credenciamos a julgar, candidatamo-nos a servir. Portanto, conscientiza-te, irmão e amigo, de que os teus movimentos e atitudes estarão controlados por atentos enfermeiros da nossa organização. Vem comigo.

A entidade infeliz possuía um aspecto constrangedor. A *facies* patibular apresentava-se desfigurada, horrenda. Falava com arrogância e desprezo, destilando ódio mortal.

Simultaneamente, atendendo à instrução do mentor, dois enfermeiros espirituais acercaram-se do Sr. Rafael e aplicaram-lhe recursos magnéticos por meio de passes, despertando-o para o momento.

Com vagar, deu-se conta do lugar em que se encontrava, saudando Cândido com real alegria e defrontando o Dr. Armando Passos, igualmente lúcido.

— Annette, Annette, miserável, por que me deixaste morrer?... Annette...

Lisandra despertou em sobressalto. Encarando, apavorada, o interlocutor, pôs-se a tremer, enquanto ele avançava na sua direção... Receando ser agredida, estridulou num grito e tombou vencida por uma convulsão epiléptica violenta.

Os assessores auxiliaram-na com energias calmantes, enquanto ela balbuciava em estertores:

— Ermínio, deixa-me... Tu morreste... Larga-me, infeliz.

O atormentado Espírito, vendo-a a debater-se, pôs-se a gargalhar, chocante, verrumando-a com verbetes depreciativos e agredindo-a verbalmente.

A custo Lisandra se recompôs e foi novamente acomodada. Substituindo-lhe a expressão de mórbido terror, transfigurou-se.

Ato contínuo, Ermínio Lopez, exprobrando-a, asseverava:

— Descobri-te e não te deixarei, enquanto não seque a fonte do meu ódio, fazendo-te verter lágrimas de fogo com que me acalmarei, vendo-te arder. Não me fugirás mais...

— Não sou culpada...

— Sim, tu o és desgraçada! Eu o odeio também. Ele, no entanto, estava no seu papel de marido traído. Tu, não, pois que me dizias amar...

— Eu te amava...

— E mataste-me para preservar a honra que não possuías. Esperei tua intervenção que nunca me chegou, desgraçada...

— Não te acerques de mim, eu te temo...

— Disseste que me amavas!... Eis o monstro a que ficou reduzido, pelo teu amor, o homem que eu fui...

— Não sou culpada. É ele, Georges, o responsável! Juro-te, por Deus!

Nesse momento, o Sr. Rafael, que se estupidificara ante a cena dolorosa, redarguiu:

— Georges?! Quem me chama?

Levantou-se com dificuldade e se aproximou dos contendentes.

— Sou Georges, o senhor de Dax...

— Bem o sabemos, infame e cruel destruidor! E sabes quem sou?

— Não me recordo.

— Pergunta à tua sórdida companheira de crimes! Pergunta!

— Anne... Annette! — exclamou com emoção.

— Não me toques ou eu enlouqueço! — revidou a moça semi-idiotizada pelo pavor —. Basta-me a tua lepra.

— Lepra?

— Sim, tu me contaminaste e agora mais te odeio.

— Vejam os pombinhos, os burgueses de Dax, elogiando-se — chicanou Ermínio —. Aqui não é lugar para cenas de amor... Dize-lhe quem sou.

— É Ermínio Lopez, a quem mataste... o meu amante, recordas?

As três entidades drenavam as excruciantes perturbações que sofriam, como se estivessem num cenário dantesco. Transfiguradas, exteriorizavam-se por meio de gestos algo burlescos e, pela ideoplastia, reviviam os acontecimentos, revestindo-se dos trajos que usavam no dia trágico...

— Lembro-me, sim, de ti. O espanhol que se atreveu macular-me a honra...

— Ora, quem fala em honra... O falcão, que despedaçou vítimas inocentes e se locupletou, depois, na pele de chacal, com os restos que encontrou ao abandono... Imundo, por isso és leproso...

— Matei-te uma vez e matar-te-ei novamente.

— Não agora. Sou quem tem as chances, porquanto eu estou *morto*, recordas? Quando saí de Roncesvalles, minha aldeia, na Província de Navarra, jamais supus ser colhido por uma desgraça tal. Eu era jovem e sonhador...

— Também ignóbil sedutor.

— Não é verdade... Fui seduzido por ela e não era o primeiro. Tu que não sabias, porque vivias a perseguir moçoilas aldeãs estúpidas, enquanto ela, cansada de ti e dos anos, também se refugiava em braços jovens...

— Nega, Annette.

— Por que fazê-lo agora, que somos todos iguais, desventurados? Antes dele houve outros, sim.

— Cita ao menos um, para que eu tenha a dimensão da tua desonra...

— Imagine-se — quem fala em desonra! Deixavas-me nas termas ou no *château*, supondo-me de aço, abandonada, enquanto exploravas o povo e destroçavas dignidades. Claro que me vinguei de ti e deles, os sujos aldeães que eu desprezava, exigindo de ti a mais odienta perseguição contra eles, por sabê-los me detestarem; conheciam minhas fraquezas morais, já que nenhum amante possui valor para manter segredos, inda mais quando serve a uma mulher de classe superior. Exibem-se nas tascas e nos estábulos... Soube vingar-me ao menos desse reles espanhol desprezível, a quem matamos juntos, e de Rondelet, nosso cavalariço...

— Que sucedeu?

— Matei-o... Não foi suicídio. Assassinei-o com veneno. Rose, minha camareira fiel, contou-me que o infame se gabava entre os servos abjetos... Silenciei e aguardei... Numa das vezes em que viajaste a Biarritz, concertei com ele um encontro noturno na terma de nossa propriedade e o induzi a ingerir uma taça de vinho, adrede envenenado... Quando o vi morrer, calmamente arrastei-o até o rio e empurrei-o pela ribanceira às águas do Adour, retornando ao castelo e ao silêncio...

Enquanto Annette narrava, ressumando as torpes paixões, Gilberto, semi lúcido, pôs-se a balbuciar:

— Rondelet? Sim, eu sou Jean-Marie de Rondelet...

Natércio aproximou-se e, procurando tranquilizar o jovem, balbuciou:

— Mantenha-se calmo... Pense em Jesus e confie com tranquilidade.

D. Artêmis tinha o semblante assinalado por infinita, pungente amargura, no que era acompanhada por Hermelinda.

— Não desfaleçam, filhas — socorreu-as, prestimoso, o mentor da tarefa —. Muitas vezes, faz-se necessário punçar o abscesso, fazê-lo drenar, ceifar as carnes apodrecidas, a fim de auxiliar na cicatrização. Confiemos. Tudo está sob controle e interferiremos no momento próprio...

Continuando, Annette argumentou, irresponsável:

— Alguém notou-lhe a falta? Ao ser encontrado morto, atribuíram à embriaguez, que o arrojara no rio. Como ninguém se interessasse por ele...

— E por que permitiste a morte desse asqueroso Ermínio?

— Ora, seria a minha pela vida dele. Tu não me perdoarias, e eu não suportaria a chacota dos servos e do povo, àquela altura da minha vida. Se ao menos eu fora jovem!... Demais, eu já me cansava das tuas carícias e exploração...

— Cansavas? — interrogou Ermínio.

— Não te acerques de mim, inditoso!

— Pois eu dir-te-ei — voltou-se para Georges, baldoando, o espanhol —. Sempre que saías ou quando viajavas, por alguns meses, era obrigado a substituir-te, a instâncias dela. A princípio pensei nas vantagens, depois quase a amei...

— E por que não te evadiste da situação, quando os surpreendi?

— Contava com ela e por isso a odeio sem remissão...

Houve um grande silêncio. Os litigantes, momentaneamente exauridos e surpresos entre si pelo desvelar de conceitos que ignoravam, refaziam-se para prosseguir a peleja.

Ouviu-se, então, a palavra do instrutor, calmo:

— Repassemos os acontecimentos daquela noite, em ordem, sem interrupções. Recordem — ordenou com autoridade na voz.

Uma tela transparente, de substância evanescente, em estado de condensação, adrede colocada em lugar de destaque, recebendo o influxo mental dos interessados, na tragédia em debate, passou a registrar as cenas. Via-se uma ampla alcova, alcatifada, onde se encontravam Annette e Ermínio.

Alguém bate à porta e estes se assustam. Sem nada falar, Annette aponta-lhe o imenso armário de roupas, ao fundo da recâmara. De um salto, o jovem se atira dentro da peça e encerra-se.

A senhora aproxima-se da porta, destrava os ferrolhos e abre-a, aparentando surpresa, ocultando emoções.

— Retornei antes... Por que a demora em abrir-me a porta? — interroga o recém-chegado, com mau humor.

— Estava recostada — ela responde, hostil.

Ele se dirige ao roupeiro para guardar a valise que carrega. Antes de alcançá-lo, estampando o pavor no semblante lívido, Annette se interpõe entre o esposo e o móvel, pedindo, com dificuldade:

— Dá-me a maleta... Eu a guardarei... Não...

— Não posso abrir o armário? — ele interroga, enrubescendo —. Por que não posso eu mesmo guardar os meus objetos? Qual a razão deste súbito zelo por mim?

Ela não responde, enquanto o esposo segura o trinco da porta e dispõe-se a abri-la.

— Não prossigas — adverte-o Annette, congestionada, olhos fora das órbitas —. Se o fizeres te arrependerás.

As cenas são vivas, traduzindo as emoções das personagens, em cores expressivas.

Georges recua. O rosto está deformado, as abas das narinas arfam, sob a respiração ofegante, disrítmica.

— Por que não posso abrir o móvel? — indaga outra vez, tentando colocar calma na voz.

— Não quero... — responde a esposa, secamente.

— Muito bem, atenderei. Há alguém dentro do roupeiro?

— Não, senhor!

— Jura?

— Por Deus e pela santa *Bíblia*!

— Acredito.

Numa atitude fria, fatal, grita pela camareira. Quando esta se aproxima, fala, enérgico:

— Traga-me os pedreiros do castelo, agora.

— É noite, senhor!

— Não sou cego. Desejo-os agora e não discuta.

A serva afasta-se, para retornar acompanhada de dois homens, aos quais ordena:

Desejo que me ergam uma parede aqui, à frente desta peça, agora.

—?!

— Comecem já. Eu espero aqui mesmo.

O movimento se reativa no castelo silencioso, sepulcral, enquanto, noite a dentro, vai sendo erguida a parede-túmulo até o teto, ante o esgazeado olhar de Annette, emudecida, sentada ao lado do esposo, frio.

Pela alva, quando o trabalho funesto é concluído, ele diz à serva:

— Durante os próximos dias, eu e minha esposa não sairemos deste quarto, fazendo as refeições aqui mesmo. Estamos ambos indispostos...

Annette grita e blasfema, descontrola-se, enquanto ele assevera :

— Não vejo razão para desespero, querida. Eu já detestava o móvel. Compraremos outro e o substituíremos...

As cenas esmaecem, diluem-se.

Ermínio, estorcegando, como se reexperimentasse a antiga e lenta agonia, estrugiu em desespero:

— Veem, sou inocente. A maldita acompanhou meu perecer sem uma palavra. Como não a amaldiçoarei para sempre?! Esta é minha hora de vingança...

— Enganas-te, irmão e amigo — interrompeu-o Natércio, vigilante. É claro que ninguém poderia fazer-te o que sofreste, menos eles... Inocente, porém, não o és. Embora não fossem retratados os teus pensamentos, nos cenários que vimos, pude acompanhar-te as lembranças...

"Não te defendeste, em razão de outro fator, possivelmente aguardando que Annette te salvasse... Trair um grão-senhor era condenar-se à morte e tu o sabias...

"Além disso, receavas por um crime que praticaste em Roncesvalles, quando ceifaste a vida de uma donzela da tua aldeia, que te recusou licenciosidade... Esta, sim, a razão por que emigraste para Dax... Posso acompanhar-te a fuga pelos Pireneus, atravessando o desfiladeiro de Puerto lbañeta, tentando vencer os escassos oito quilômetros que te facultavam entrar em terras de França.

"Que fizeste da tua vítima, para atrever-te a falar em inocência, propondo-te justiça com as próprias mãos?"

— Não me recordeis essa loucura — suplicou, em pranto —. A recordação dela me infelicitou por algum tempo, depois...

— Depois te impuseste a vilania de justiceiro — concluiu o mentor, calmamente —. Com que direito, se por meio daquela circunstância foste o justiçado? Houvesses perdoado de pronto e outra seria a tua situação.

"Os teus algozes não estão impunes e não ficarão esquecidos. À tua semelhança, expungirão lentamente, sorvendo toda a amargura que a ti e a outros impuseram, irresponsáveis. Entrega-os a Deus e a Deus te entregas, também.

"Ajudar-te-emos a sair da situação em que te encontras e na qual sofres sem consolo. Aproveita a dádiva da oportunidade feliz ou se dobrarão os séculos de desdita sobre as tuas desgraças atuais, cada vez mais dilaceradoras, até que sejas recambiado à reencarnação compulsória.

"Estacionando, agora, no mal, o teu amanhã já começa, e o que foi interrompido prosseguirá em outras condições abençoadas. Não dilates a própria dor. Penso em ti e me apiedo deles, os teus atônitos *justiçadores* do passado, que a si mesmos se impuseram tão rudes penas."

— E os outros... as outras vítimas? — interrogou, produzindo compaixão — quem as vingará?

— A consciência dos culpados. Além disso, o problema não é teu.

— Ajudai-me!... Atordoo-me... Socorrei-me, porque eu sofro num inferno que não cessa...

— Dorme, filho de Deus, dorme, meu irmão, dorme...

Lisandra e o Sr. Rafael, que guardavam a aparência ideoplástica de Annette e George, não conseguiram apreender as instruções, o diálogo do mentor com o desafortunado Ermínio Lopez.

Aturdidos, viram o benfeitor acercar-se e demonstraram receio.

— Deixai-nos! Sois o Anjo celeste no dia do juízo final?

— De maneira alguma! Sou vosso irmão de lutas e provas, tentando a ascensão com Jesus Cristo. Temei o erro e fugi das paixões perniciosas, não da consciência do bem. Dia novo começará para vós ambos. Muita urze, ainda, pelo caminho a recolher, porém luzem as oportunidades de ascensão, convidativas, adiante, esperando, chamando por vós.

"Agora, repousai e esquecei o que aqui se passou."

Aplicou-lhes energias, anestesiantes, lentamente, enquanto os dois Espíritos consortes no matrimônio, no crime, na redenção, adormeceram.

D. Adelaide acolheu a neta, enquanto Cândido e Genésio, prestimoso estagiário desencarnado, que se encontrava a serviço, na instituição, tomaram o Sr. Rafael aos seus cuidados.

Chamando o Dr. Armando Passos, este e o mentor se acercaram de Lisandra, que retomara a forma atual, consoante ocorrera com o genitor, e, apontando o encéfalo da paciente, alvitrou:

— Apesar de havermos separado Ermínio, que rumará noutra trilha, a partir deste momento passaremos a remover os fulcros da obsessão, imantados ao perispírito de Lisandra.

"Considerando-se, porém, as próprias fixações advindas do inconsciente, em razão dos débitos que ocultou, a *psicose maníaco-depressiva* exigirá tratamento especializado, em casa de saúde própria. Além do mais, é imperioso termos em vista que a constante, demorada indução hipnótica exercida por Ermínio contra ela, a intoxicação produzida pelos seus fluidos deletérios, a quase *simbiose* psíquica, perturbaram o equilíbrio da delicada tecelagem mental. O internamento para uma terapêutica própria faz-se inadiável. Não aguardemos mais tempo."

O esculápio, que não ocultava o júbilo, concordou plenamente.

Convocando os membros desencarnados da equipe dos socorros aos participantes da experiência educativa, procedentes do plano físico, administraram-lhes passes e sugeriram-lhes o olvido, a fim de que as lembranças não os perturbassem nas aquisições da luta humana, a que estavam submetidos.

Por fim, em comovedora oração, que Natércio proferiu em reconhecimento ao Médico divino, encerrou-se o ministério do auxílio.

Todos foram reconduzidos aos seus penates a pouco e pouco.

O horizonte bordava-se de manchas com luz e sombras em cambiantes variados.

As tarefas prosseguiriam com Jesus.

23 Terapia desobsessiva

Logo após os socorros ministrados ao Espírito Ermínio Lopez, durante a psicoterapia a que já nos referimos, foram tomadas do *nosso lado* providências especiais junto a Lisandra, a fim de auxiliá-la no processo depurador. Em virtude da problemática íntima, decorrente do ultraje às leis em que incidira no passado, levianamente, não apenas Ermínio lhe constituía comensal junto à vitalidade fisiopsíquica de que se nutria, inconscientemente. Com os centros da emotividade seriamente desconectados e com os registros da memória inconsciente em desgoverno, fácil lhe eram o desequilíbrio, a aquiescência às interferências espirituais negativas, ao comando direto dos adversários desencarnados que a exploravam.

Com a imantação psíquica defluente do processo obsessivo de longo curso, a vampirização espiritual se desenvolvia, dominadora, minando-lhe as defesas mentais e orgânicas, numa problemática destrutiva, com que a vingança dos enfermos espirituais se desforçava dos padecimentos sofridos... Sem se darem conta do prejuízo próprio, em face da agressão injustificável — porquanto a ninguém, sob pretexto algum, é lícita a ação maléfica — obsidiando Lisandra, passavam, também, a depender dos seus fluidos, que lhes eram tonificadores, a fim de prosseguirem fruindo as sensações do tônus físico...

Como lhe diminuíssem as resistências, o grupo infeliz responsável pela *parasitose espiritual* passara a lutar entre si, disputando, na *simbiose obsessiva*, as fracas e escassas reservas de energias da paciente desequilibrada.

De procedência moral inferior, mancomunaram-se inicialmente para a agressão em que se empenhavam. Percebendo-se defraudados, em razão da predominância de Ermínio, passaram à disputa entre si, rancorosos e prepotentes, estabelecendo no campo mental da jovem verdadeiro sítio de malsinada batalha.

Nos processos obsessivos graves, os perturbadores, que se comprazem na desdita, com o tempo se jugulam em vampirização odienta, na qual absorvem *alimento* em que sustentam as débeis forças em alucinado desalinho. Dessa forma, a vítima se lhes transforma em fonte de vitalidade, de que não se conseguem apartar com facilidade.

Em qualquer alienação obsessiva, não se podem olvidar os que mourejam nos domínios terapêuticos, das *necessidades* em que se debatem os perseguidores. Espíritos enfermos são nossos irmãos da retaguarda ascensional, que aguardam o socorro da nossa benevolência e a elucidação evangélica, a fim de que se refaçam interiormente, mudando os centros de interesse pessoal para outras direções.

Afastá-los, pura e simplesmente, sem os orientar e os socorrer cristãmente, redundaria em fracasso da empresa, em considerando que a luz da caridade e o pão do amor devem ser destinados a todos, encarnados ou não...

Também não se pode esquecer que o verdugo, frio e calculista, assim se encontra porque foi *construído* pela pusilanimidade, pela imprevidência da sua atual presa, quando em situação diversa, nos idos do pretérito... Amor e caridade, portanto, sempre como cimentos divinos para alicerçamento das bases, na edificação espiritual e moral que se tenha em vista.

A obsessão, mesmo em se apresentando com as características primeiras, na sua feição mais simples, revela uma anterioridade causal, possuindo raízes que não podem ser erradicadas com facilidade, sem que se reportem os esforços às suas matrizes legítimas. A terapia desobsessiva sempre assume vulto e exige responsabilidades, impondo regras indispensáveis para o êxito. Em face de tal injunção, é de todo conveniente que se estabeleçam intercâmbios com os mentores espirituais, antes de se aprofundarem os interessados nos mecanismos da técnica saneadora.

Naturalmente, mediante a evangelização do paciente — fator preponderante para qualquer empreendimento socorrista —, a oração conjunta e o ministério fluidoterápico pelo passe podem-se conseguir resultados opimos. Não geralmente, porém. Sem o labor iluminativo do *parasito espiritual*, removem-se apenas os efeitos, porque a entidade, ligada por sutis processos de sintonia psíquica, resultantes da afinidade de hábitos, das vibrações viciosas, dos costumes transatos, sempre retorna, atraída poderosamente pelo vórtice psíquico a que se imanta, no impositivo da regularização dos débitos.

Nesse sentido, a mudança de fixação mental da vítima, transformada em algoz, resolvendo-se a esquecer e perdoar a ofensa, libera-se do propósito nefando, embora o devedor somente se exima ao sofrimento que se impôs, quando cresça em valores morais, nas conquistas íntimas pelo bem desenvolvido ou pela dor bem suportada em outras atividades...

Consideremos ainda que, nos processos obsessivos, entidades irresponsáveis não vinculadas ao obsesso, se permitem atrair pela turbulência da alienação que os desperta, passando a engrossar a fileira dos perturbadores.

Logo se iniciam os labores socorristas, na técnica desobsessiva, os ociosos não comprometidos diretamente com o paciente são afastados, demandando outras zonas e buscando outros insensatos com os quais se afinam naturalmente. No caso em tela, cessada a doutrinação e posterior deslocamento de Ermínio Lopez, mais diretamente envolvido na tecedura do destino de Lisandra, o irmão Natércio convidou-nos a uma cuidadosa observação das zonas cerebrais da paciente invadidas pelos fluidos perniciosos que lhe obstruíam o discernimento e a lucidez, fixando-a nas evocações descontroladas com que mais perdia o controle das faculdades pensantes.

Assim, fomos diretamente ao lar da enferma, que permanecia adormecida. O desequilíbrio obsessivo não alcançara, ainda, o estágio da subjugação, porque o algoz, profundamente vingador, preferia acompanhar-lhe o deperecimento, mediante o conhecimento da própria desdita com que a anatematizava por meio dos conflitos internos.

Os vários centros do cérebro, responsáveis pela comunicação com o mundo objetivo, permaneciam resistindo à insidiosa agressão fluídica. Todavia, já apresentavam alguns desequilíbrios como consequência natural da pertinácia do pensamento obsidente. O "centro de Broca" parecia invadido por uma aluvião larval que, em decorrência, impedia que a jovem se exteriorizasse com a facilidade natural, impelindo-a ao prolongado mutismo em que se refugiava.

Conosco seguiram ao lar dos Ferguson outros trabalhadores desencarnados em estágio de serviço no Francisco Xavier, a fim de cooperarem na doutrinação das diversas entidades não diretamente ligadas ao processo Ermínio-Lisandra e de outros verdugos que se locupletavam com a situação parasitária.

O irmão Natércio tivera o cuidado de transferir da sociedade espírita imenso véu, de tecedura especial, com substância elaborada *do lado de cá*, que foi distendido sobre a residência como verdadeira cobertura sutil, cuja finalidade era impedir que retornassem os ociosos desencarnados ou errantes, em necessidades dolorosas, e assim pudessem agravar o estado da enferma.

Dois enfermeiros especiais foram colocados a serviço da defesa do lar, a fim de afastarem as mentes perniciosas que vivem à cata de identificação com os encarnados que lhes são afins. Embora naquele lar o culto da oração, dos pensamentos e atos salutares engendrassem uma cobertura vibratória natural, impedindo a invasão por hordas de salteadores espirituais, o processo obsessivo, não raro, violentava as defesas, em face da anarquia mental que Lisandra, rebelde e insensata, se permitia.

A rede protetora tinha a finalidade de produzir emissões de teor elétrico desagradável, semelhantes a choques, nos que tentassem rompê-la, atraídos pela desordem psíquica da paciente. Outrossim, facilmente identificável em razão das características de que se revestia, já era conhecida por muitos desses Espíritos, que, receosos, não se atreviam a qualquer interferência.

Com a nossa presença e em face de nos fazermos visíveis a um regular número de comensais da perturbação, estes reagiram com doestos chulos e mordacidade, debandando em algaravia, por se saberem descobertos e não desejarem mudança de atitudes. Alguns mais temerários enfrentaram-nos, sendo necessário afastá-los por meio da utilização de aparelhos especiais, que foram trazidos e ficaram instalados na recâmara da jovem obsessa... Outros, ingênuos, na perturbação em que se encontravam, receberam carinhoso atendimento evangélico, doutrinação e orientação próprias com que se permitiram conduzir ou debandaram, apavorados...

Somente dois outros inimigos de Lisandra passaram a merecer tratamento especial, que se demoraria por mais de uma semana, de modo a esclarecê-los convenientemente quanto ao erro em que perseveravam, tentando desforço impossível quão pernicioso para eles próprios. A tarefa, que se alongou por quase dez dias, contava com a cooperação de mais de uma vintena de esforçados e beneméritos seareiros do *nosso lado*, bem como da eficiente contribuição dos familiares, que, cientificados do que ocorria, redobraram a vigilância, mantendo-se, quanto possível, em realizações elevadas pela oração, pelo pensamento e pelos atos cristãos.

Em noites sucessivas, durante o parcial desdobramento pelo sono, os companheiros do corpo físico, lidadores da tarefa mediúnica em Jesus, foram conduzidos ao prosseguimento do socorro, no qual participava o Sr. Rafael, igualmente atendido por mecanismo equivalente, com objetivos de uma plena conscientização das suas responsabilidades e assistido diretamente por D. Adelaide, que desempenhava junto a ele tarefa importante. A aquisição de um problema é muito simples, sua solução sempre exige complexo mecanismo, mesmo quando resulta de fácil aparência.

Não é por outra razão que as advertências evangélicas "livra-nos do mal", "resistir à tentação" merecem-nos regime de urgente reflexão... Ninguém se pode considerar vitorioso, enquanto não conclua a tarefa encetada. Numa jornada com centenas de quilômetros superados, há sempre o perigo de não se conseguir vencer os últimos metros que separam do objetivo, seja por um óbice impeditivo, seja por um abismo sem ponte... Assim, nos processos obsessivos não se pode improvisar, esperar o milagre, iludir-se.

Quando ocorre a melhora do enfermo, na esfera física, um imenso labor foi executado no plano espiritual. Lentamente, o perispírito de Lisandra, com os seus centros de ação reestimulados, passou a exigir do espírito maior soma de atividades no domicílio carnal. A luta, porém, não estava concluída. Os impositivos cármicos exigiam-lhe novas renúncias e martírios com que se libertaria, caso aproveitasse as lições, dos gravames passados...

A organização mental necessitava de assistência especializada, que poderia ser realizada por nós outros, no entanto, mediante o afastamento do lar, com o consequente internamento hospitalar, seriam acionados dispositivos para reajuste e reencontro espiritual estabelecidos na sua programação lenificadora.

O irmão Natércio utilizaria, doravante, a persuasão de Epifânia, seus fluidos carregados de emanações físicas para a revitalização de Lisandra. Nenhum milagre mesmo na realização edificante dos benfeitores elevados, como era o caso do próprio Natércio.

As leis do equilíbrio e da ordem presidem a todas as manifestações do universo, em nome do excelso Pai. Gilberto, igualmente envolvido na trama dos destinos que tinha curso no lar, passou a receber assistência espiritual mais direta, em razão das responsabilidades que lhe caberiam no futuro, bem como em consequência do esforço honesto que empreendera para acertar, desde que o Espiritismo lhe alcançara as províncias da alma.

A suave e doce presença de Tamíris acalmava-o, e a espiritualidade de que ela era dotada emulava-o a insistir no bem e a encarar o pai e a irmã à luz clarificadora da reencarnação, sob a dúlcida mensagem do evangelho libertador, auxiliando-o na vitória sobre si mesmo. Nesse cometimento da terapia desobsessiva, a contribuição dos amigos encarnados é sempre valiosa. Investidos das responsabilidades cristãs e sinceramente interessados no auxílio fraternal, emitem raios mentais de teor específico de que nos utilizamos para atingir os resultados superiores.

Cada mente é um dínamo gerador de energias, cuja intensidade e procedência canalizam forças poderosas, conforme a direção que se lhes dá. Portadora de energias ainda desconhecidas para nós outros desencarnados, a onda mental agrega como desarticula as moléculas que compõem a matéria em suas múltiplas e complexas expressões.

A criação, por isso mesmo, é decorrência da Mente divina que tudo rege, em razão do que, em parte alguma, existe o vácuo, ocorrem mecanismos de inutilidade produzindo paradas ou caos. Este é apenas pobreza das percepções e primarismo da nossa ideia de conjunto. Na energia pura está a base de todas as coisas.

A mente, por sua vez, constituída por energia especial, emitindo raios e ondas contínuos, quando dirigida com objetivos próprios e conhecidos, sincroniza com as vibrações que constituem o mecanismo geral, podendo alterar-lhe o conteúdo, o potencial dinâmico...

O médium doutrinador, em face disso, é precioso colaborador nas tarefas desobsessivas, graças à sua perfeita identificação com o programa de libertação, por emitir e exteriorizar as vibrações especiais que são próprias à vida física, atuando em nosso plano de ação como recurso ideoplástico expressivo, bem assim funcionando na qualidade de força energética mais carregada de *potencial humano* resultante da filtragem pelo corpo físico.

No conjunto dos cooperadores encarnados, o médium passista, disciplinado e vigilante, pode ser comparado a um interruptor que aciona a passagem de forças, por meio das suas próprias potencialidades, funcionando entre os desencarnados e os portadores de quaisquer distúrbios.

Nesse ministério, ao filtrar as energias procedentes de nós outros, transmite-as carregadas das forças pessoais, mais facilmente assimiláveis pelos necessitados, em função do estágio na conjuntura fisiológica.

Verdadeiro transreceptor, é-lhe indispensável gerar energias puras, salutares, de que nos utilizamos para os complexos misteres de restauração de perispíritos enfermos e organizações somáticas lesadas...

Todavia, por mais alto potencial curador disponha o homem, se este não se vincula aos labores de santificação e não se engrandece interiormente, mediante a vivência do Cristianismo em sua pureza, torna-se detentor de graves recursos destrutivos, que são utilizados por mentes infelizes e impiedosas com as quais sintoniza por processos especiais de identificação de propósitos, de inconsciência e irresponsabilidade, que passam a comandá-lo em dominação perniciosa. Aliás, a ocorrência sucede com todo aquele que se permite licenças e desequilíbrios morais.

Os que portam expressivas forças de atuação enérgica mais facilmente se fazem presas daquelas mentes, por motivos óbvios.

Cada criatura emite as vibrações que lhe são próprias, cabendo-lhe o dever inadiável de aprimorar tais energias, colocando-se a serviço do bem operante. E esse precioso meio de alterar providencialmente as próprias forças é o conhecimento e a vivência do Evangelho de Jesus em toda a sua eloquência. De essencial relevância, portanto, a ajuda dos companheiros na realização da caridade moral e espiritual, particularmente nos socorros aos obsidiados que pululam em agonia por toda parte, aguardando por nós...

Os colaboradores do Francisco Xavier, adestrados no plano físico em misteres que tais, foram-nos instrumentos fáceis para execução dos serviços curadores junto ao Sr. Rafael e a Lisandra, que exteriorizariam posteriormente os resultados das valiosas terapias de que se faziam objeto.

Ao Senhor cabiam, agora, os resultados do abençoado esforço despendido.

24 Drama, solução e bênção

Sem a constrição obsidente de Jules, o Sr. Rafael experimentou significativas melhoras. A mente atribulada, ora submetida às reflexões espirituais, passou a reagir com mais ampla lucidez, facultando-lhe agasalhar a esperança de melhores dias e, ao mesmo tempo, aceitando a expiação como meio digno de ressarcir os compromissos infelizes.

Passava horas lendo e anotando na alma a Revelação Espírita. Consecutivamente o benefício da fé revelou-se de forma eficiente, graças à dignificação dos sentimentos.

Embora as amputações não lhe permitissem a realização de serviços, que antes lhe concediam tempo ocioso para a revolta, compreendeu que a laborterapia não apenas lhe renovava as disposições íntimas como lhe facultava ser útil à comunidade onde vivia. Com esforço, cultivando as ideias positivas, impôs-se algum tempo diário a visitar os mais infelizes e oferecer-se ao diretor para cooperar em qualquer mister junto aos companheiros.

A sua nova conduta não permaneceu despercebida, especialmente quando começou a movimentar-se para criar o que denominou Grupo do Otimismo, que objetivava ser um tipo de clube social diferente, dedicado à recreação mental e aos estímulos morais, iniciando-se a criação, também, de uma biblioteca. A ideia recebeu ótimo acolhimento dos administradores da colônia, que se movimentaram em apoio da realização.

A pouco e pouco a saúde física foi-lhe voltando. As reações orgânicas à medicação específica diminuíram e ele começou a dar mostras de real melhora, saudada auspiciosamente por Cândido que não se cabia de contentamento, em razão das conquistas do pupilo, o mesmo sucedendo entre os familiares e o médico devotado.

No lar, no entanto, o estado de Lisandra apresentava contradições perturbadoras. Obstinou-se em não frequentar o Francisco Xavier, de início. No entanto, aquinhoada pelos passes que lhe ministrava Cândido e, vez que outra, Epifânia, que passou a visitar o lar dos Ferguson, quanto lhe permitia o escasso tempo, já não padecia das violentas crises epilépticas.

O afastamento espiritual de Ermínio Lopez e dos outros obsessores redundava em significativa melhora, cujo prosseguimento da insidiosa perturbação culminaria por exauri-la antes do tempo natural previsto para a sua desencarnação.

Com o tempo, a menina louçã perdera a beleza da infância, chegando à idade adulta — e mesmo desde a adolescência — marcada pelos desaires íntimos... Insculpiam-se-lhe na face, no corpo, os atos pretéritos, que ora a afeavam, dificultando-lhe uma exteriorização psíquica que cativasse pela simpatia.

Já não reagia contra Cândido, uma vez vencida a interferência psíquica dos antigos obsessores, agora secundada por tratamento em local apropriado. Epifânia conquistara-a desde a primeira vez, cuja presença lhe ensejava inefável bem-estar.

A mente, porém, ainda desarmonizada em si mesma, denotava a presença de distúrbios ameaçadores. Não mais se repetiram os estados primitivos de agressividade ou descontrole acentuado, mas a psicose, que se agravava, impedindo-a de conviver com os outros, fazia-a refugiar-se em sombras, ou verter copioso, contínuo pranto. Nada a retirava desses estados depressivos, e o médico, consultado, usara de compreensível franqueza: receava-lhe a perda total da razão, aconselhando o internamento.

Convidada pela médium a participar, ao menos uma vez por semana, dos trabalhos doutrinários, aquiesceu. As palestras melhoravam seu mundo íntimo, não obstante tivesse dificuldade em reter o conteúdo, meditá-lo.

A vontade submetida por longo tempo, sem a autodisciplina que seria de desejar, não respondia como de se esperar, fazendo-a retroceder à posição primitiva.

D. Artêmis notificara ao esposo as perspectivas sombrias que pesavam sobre o futuro da filha. A esse tempo, narrara-lhe a hanseníase que a jovem sofrera, em caráter benigno, e de que se liberara, não logrando, todavia, o mesmo sucesso no problema psíquico. Comentava toda semana as conquistas espirituais e o reconforto hauridos na participação dos trabalhos doutrinários e das tarefas mediúnicas.

O esposo reagia conforme os padrões da fé augusta que o libertava das paixões belicosas. Sofria mais pesada soma de amarguras, no entanto, sabia confiar no futuro, entregando-se e recomendando os seus à Divindade. Sugeriu à consorte que, antes de uma decisão sobre a filha, procurasse aconselhar-se com os amigos espirituais, consultando Epifânia.

Ao primeiro ensejo, D. Artêmis narrou à bondosa médium as preocupações sobre o comportamento de Lisandra, em agravamento, e a sugestão que fora proposta por Dr. Armando Passos.

Ao influxo da poderosa inspiração e da carinhosa presença de Natércio, Epifânia traduziu o pensamento do mentor, mediante audiência lúcida:

— Nosso amigo indica o internamento de Lisandra como de resultado salutar, por cujo meio recuperará o equilíbrio da razão.

"Naturalmente, isto não significará uma liberação dos compromissos cármicos a que todos nos encontramos submetidos. Todavia, a reconquista da saúde mental fortalecê-la-á para outros embates com redobradas energias...

"Reconhece que isso lhes custará a todos um imenso contributo de renúncia, porquanto, ele próprio, recomendaria o internamento num sanatório espírita, onde receberia o tratamento especializado, a par de constante assistência espiritual.

"O futuro, que pertence ao Senhor, dirá do acerto da providência, acreditando, mesmo, que a medida não deve ser protelada."

A genitora não pôde conter a dor. O afastamento da filha, distanciando-se do lar, esfacelava-lhe a alma e valia por tormentoso exílio. Não se rebelava, porém, por isso que, submissa, se entregava ao sacrifício, desde que redundasse em benefício da amada Lisandra.

— Não se aflija demasiadamente — prosseguiu Epifânia, traduzindo o pensamento do instrutor espiritual —. O amor nunca se aparta. A ausência da presença física será compensada pela certeza da alegria e da renovação que a paciente fruirá. Prosseguirá custodiada pelo nosso carinho — aduziu o venerável benfeitor —, entre corações amigos que lá reencontrará...

"Prevemos o próximo retorno do nosso Rafael ao lar, como a ocupar no seu coração de mãe a lacuna da ausência da filha. Um segue, outro volve...

"É de todo conveniente que não compartam o mesmo teto, ao menos por enquanto... Reminiscências não definidas na mente da jovem poderiam conduzi-la a um imprevisível resultado. Confiemos em Deus, Pai de todos nós, e enxuguemos nossas lágrimas nos tecidos sublimes da fé viva".

Muito reconhecida, a filha de D. Adelaide de quem recebia sustentação e força espiritual — ante a nova imposição do destino severo, expressou os sentimentos da alma ao nobre Natércio, rogando-lhe ajuda para o cometimento futuro e sua inspiração para o prosseguimento no dever.

Hermelinda, presente, que compartia as dores da cunhada, não escondia a pungente amargura ante o testemunho vigoroso. Não se queixava, porém. Compreendia a necessidade da reparação imposta e, com o coração em frangalhos, confiava integralmente nos socorros divinos.

Como Epifânia entretivesse edificante conversação, a fim de amainar a dor das coidealistas, perguntou, inspirada, a D. Artêmis, com delicadeza, quanto às suas possibilidades para o encaminhamento e posterior internação da filha.

A senhora meditou um pouco, acabrunhada, respondendo:

— Este é um ponto muito delicado da questão... Não dispomos de recursos para empreendimento de tal porte. Recorri mais de uma vez à ajuda dos meus irmãos que, não obstante generosos, possuem problemas complexos e lutam contra dificuldades na saúde do nosso genitor, na fazenda distante... Não pensei ainda como solucionar o impasse importante, que venho tentando resolver.

"Independente disso, parece-me que o tratamento, além de muito caro, será de demorado curso..."

— Se me permite, minha irmã — ajuntou a sensitiva —, poderíamos recorrer ao diretor de um nosocômio espírita, muito amigo, confrade nosso, com quem mantemos laços de mútua estima e que, acredito, solucionaria a dificuldade sem maiores delongas...

"Concordando a senhora, escrever-lhe-ei e tomaremos providências ante os responsáveis por nossa casa e acreditamos que os impedimentos poderão ser afastados."

— Louvado seja Deus! Como agradecer-lhe, irmãzinha?!

— Unindo-nos em oração e agradecendo a Jesus, o Amigo que nos não falta nunca.

Assim o fizeram, irmanadas nas emoções superiores.

Conforme prometera, Epifânia escreveu ao diretor do hospital espírita, narrando todo o drama da família, as perspectivas de dor e sombra que ameaçavam a enferma, rogando-lhe orientação e, se possível, ajuda.

Transcorrido algum tempo, a resposta tranquilizadora não apenas era concorde com a medida, como colocava as possibilidades da casa de saúde à disposição da paciente, o que constituiria motivo de satisfação para o missivista, por ser precípua a finalidade de ajudar, de socorrer os obsessos e perturbados da razão, consoante o compromisso esposado com a Doutrina Espírita...

Naquela mesma noite, D. Artêmis foi notificada e foram iniciados os movimentos e preparativos para a viagem.

Gilberto deveria acompanhar a irmã, seguindo em aeronave, autorizados pelo Dr. Armando que facilitaria o transporte de Lisandra, aplicando-lhe medicamento sedativo.

A este tempo, o taciturno Gilberto se encontrava em renovação. A convivência salutar com os amigos espiritistas contribuía para a sua expressiva melhora. A luz da fé ajudava-o agora a entender e apiedar-se da irmã sofredora, aproximando-o da mesma e fazendo que vencesse a mórbida indiferença, que por pouco não se transformara em aversão...

A par dessas abençoadas disposições, encontrou na jovem Tamíris estímulo afetivo com que enriquecia os quadros e planejamentos das suas futuras aspirações.

Meiga e dócil, Tamíris era fervorosa espírita que amava a Doutrina e se dedicava à obra de socorro aos sofredores com acendrado carinho. De beleza suave e espiritualizada, conquistou o rapaz, que passou a depositar nela as esperanças da felicidade conjugal.

Correspondido pela afetividade da moça, aliaram-se para o serviço da caridade, mantendo, sob as diretrizes do respeito mútuo, os vínculos do afeto que pretendiam selar, futuramente, com o matrimônio, objetivando as tarefas espíritas que almejavam manter e desdobrar. As famílias saudavam na compreensão e afeto dos jovens prognósticos de bênçãos.

À medida que a afeição lhe permitiu confidências, Gilberto narrou à futura noiva os dramas de saúde no seu lar, evitando negar-lhe o testemunho da lealdade e da confiança, recebendo, como de esperar-se, perfeita compreensão, em sólida argumentação e consolo vazados nos conceitos espíritas.

Tamíris, quanto podia, procurava animar a futura cunhada, lutando, jovialmente, por arrancá-la do ensimesmamento, da noite moral... Esta reagia com simpatia e tristeza, rapidamente volvendo à mórbida apatia habitual.

D. Artêmis e Hermelinda receberam a jovem na condição de filha das suas almas, presente dos céus, como compensação às suas lutas e acerbas dores.

No transcurso desses acontecimentos, deu-se a transferência de Lisandra para outra cidade, para outra *vida*, na casa de saúde. Amolentada pela medicação, embora carinhosamente informada antes quanto ao tratamento a que deveria ser submetida, sem uma reação mais significativa da emotividade, Lisandra foi osculada pela genitora e pela tia em controlado pranto, viajando com a assistência do irmão e sob os cuidados dos comissários de bordo.

No local de destino, estava sendo aguardada pelo diretor do hospital e sua filha Lisabete, enfermeira diplomada que se entregara a cuidar dos atormentados da razão. Espírita dedicada, Lisabete sentiu imensa afinidade por Lisandra, que passou a receber sua devotada e terna assistência. A recém-chegada foi conduzida ao novo lar, a fim de ser iniciado o tratamento quanto antes.

O carinho espontâneo, o interesse cristão demonstrado pelos administradores da casa, particularmente por Lisa, como era chamada em família a enfermeira, cativaram Gilberto, que, após percorrer a instituição, assistir a irmã nos primeiros dias, retornou, encantado, traduzindo à família, com as cores da realidade e do entusiasmo sadio, tudo quanto observara e sentira.

— Lisandra está no lar — referiu-se jubiloso —, prosseguimento do nosso, mais eficazmente atendida. Receberá passes, usará água fluidificada e participará das reuniões que ali se efetuam, destinadas aos pacientes que podem usufruir os resultados advindos da palavra iluminada e das lições do evangelho. É terapia de importância ao lado do tratamento técnico, nos moldes modernos da Psiquiatria.

Os familiares exultaram com as notícias calorosas, confortadoras. Epifânia alegrou-se, com justas razões.

Não ignorava o poder da mensagem espírita, quando penetra os homens e os aciona no bem.

Psiquicamente estava informada da excelência dos métodos aplicados naquele verdadeiro templo da saúde e do refazimento, considerando-se os investimentos morais e espirituais que representavam seus administradores e trabalhadores abnegados, conduzidos pela necessidade da vivência da Doutrina, antes que levados pelos escusos interesses de auferirem qualquer lucro pessoal ou de transformarem a entidade numa sociedade a mais, disputando recursos e açodada pelas ambições argentárias.

Ali se pensava primeiro no paciente, suas necessidades imperiosas, no socorro que se poderia dispensar à família, para depois se examinarem as possibilidades econômicas. E o argumento de que se necessitava de dinheiro para a sua manutenção, como é lógico, e disso se fazem justificativas para negar-se assistência gratuita ou, pelo menos, acessível a bolsas de poucos recursos, não tinha nenhuma expressão, porque o Senhor a tudo previa, provendo com os meios abundantes para a manutenção do programa, ampliação de obras e conservação dos compromissos, das construções...

Amenizava-se a expiação da família Ferguson. O Sr. Rafael, passados os choques iniciais e detalhadamente informado da ocorrência e da forma como a filha se encontrava, estrugiu em inesperada satisfação, reconhecido à interferência de Natércio-Epifânia, do

Dr. Armando, que *pensara* na providência, principalmente à Misericórdia divina, que de ninguém esquece e soluciona com sabedoria os mais complexos problemas, quando se sabe confiar, aguardar e obedecer...

Três semanas após a sua transferência de casa, chegaram as primeiras notícias de Lisandra: um delicado cartão colorido, de próprio punho, dirigido à mãe e aos familiares, envolto em saudades e gratidões, pedindo que se tranquilizasse o pai... Uma carta de Lisa, carinhosa, dava conta de toda a ocorrência e do interesse do seu genitor quanto dela mesma, no sentido de se responsabilizarem pela paciente, no que lhes constituía real satisfação. Que os Ferguson não se preocupassem com qualquer coisa, escudando-se confiantes nos augustos mananciais do Socorro divino!

— Lisandra é-nos alma querida que volta — anotou com emoção.

A carta abençoada selava com alegrias as saudades da jovem em recuperação. De fato, Lisandra era de Lisabete alma conhecida e afetivamente bem recebida.

Com isso, Annette voltava ao carinho de Rose, após a travessia por caminhos dolorosos, dela recebendo assistência, amizade e a ela retribuindo o respeito e a confiança que lhe haviam sido ofertados. Ninguém se afeiçoa ou detesta outrem sem que volva a reencontrá-lo adiante, na esteira do tempo, na estrada da vida.

25 Despedidas e fé viva

Não obstante o conforto de que a missiva de Lisa e o cartão de Lisandra se faziam portadores, a casa parecia vazia às duas dedicadas mulheres. Após meditarem, dialogando sobre o tempo de que agora podiam dispor, decidiram-se atuar mais diretamente no ministério da caridade material, acorrendo à instituição, às tardes, para o labor das costuras, da cocção e colaboração na sopa refazente que era servida aos mais necessitados...

Com o suceder do tempo e graças à dedicação de que davam mostra, foram convocadas ao ministério do socorro pelo passe, cooperando, também, e principalmente, na prática da caridade moral.

O Francisco Xavier mantinha um serviço de atendimento diurno, em que pessoas credenciadas permaneciam a postos para orientar os necessitados que buscavam apoio, diretriz e amparo naquela casa de Jesus. Equipes de passes, de esclarecimento, revezavam-se em horários adrede estabelecidos. Equivale dizer que sempre havia alguém capacitado aos primeiros socorros espirituais, anotando problemas e dificuldades que demandavam exames posteriores, quando, então, eram ouvidos os diretores da sociedade, ou os mentores espirituais, conforme a natureza e procedência da necessidade dos casos.

D. Artêmis e Hermelinda engajaram-se de corpo e alma no labor da solidariedade caridosa. Dispunham de tempo para a execução dos deveres domésticos e conseguiam atender com pontualidade irrepreensível aos compromissos novos, espontaneamente buscados e aceitos.

Não escolhiam tarefas, atendiam ao que surgisse, requisitando assistência. Embora a carga das aflições pessoais, e em razão disso mesmo, desdobravam-se joviais e zelosas, sabendo dispensar a palavra de alento, o passe de renovação, a ação de socorro com ânimo robusto e fé edificante, que sensibilizavam os seus beneficiários. Na colônia, o progresso do Sr. Rafael em nada deixava a desejar. Era um homem novo em Jesus Cristo, transformado em paciente modelo, auxiliar querido.

Comprazia-se em lidar com os enfermos renitentes e revoltados — experiência rebelde que conhecia muito bem. O seu calor humano e a serenidade de que se revestia, quando agredido pelo pessimismo ou pela suspeita, atestavam os resultados positivos da evangelização procedida por Cândido, ante a "resistência pacífica" e afável de que dava mostras sem descoroçoamento nem amargura. O Dr. Armando Passos nele encontrou precioso colaborador, verdadeiro agente do bom ânimo entre os desesperados, ali em trânsito.

O Grupo do Otimismo crescia, e, a instâncias do administrador interno, as autoridades concederam duas salas conjugadas onde ora se encontrava instalado. É óbvio que não se discutia religião, nem se impunha o credo de sua preferência. O exemplo, porém, é o melhor veículo de informação, embora haja quem duvide da sua eficácia e prefira o bombástico da propaganda destituída dos atos que a corroborem.

E a conduta do Sr. Ferguson era incontestável lição viva de bom humor e amizade espontânea, que se impunha esforço titânico para autodominar-se, acertar no bem e galgar os degraus da ascensão. O tempo era-lhe o grande aliado, e a fé, estruturada na razão, a abençoada dinamizadora das suas forças. Havia aprendido a lição da dor, bem como sua família, compreendendo ser o auxílio ao próximo a maneira eficaz de esquecer-se de si mesmo e de ser feliz.

O bem, distribuído indistintamente, passava a demorar-se nos próprios doadores, prodigalizando-lhes grandes benefícios. Não aspiravam a resolver os conflitos alheios, anelavam auxiliar de alguma forma para que os conflitados encontrassem a luz do discernimento e o alento da coragem, a fim de resolverem as próprias dificuldades. Tentavam, sim, retribuir ao Senhor algo do muito que haviam recebido e prosseguiam recebendo. A Doutrina adentrara-se-lhes na alma e, quando tal ocorre, luze e esparze as bênçãos da esperança como decorrência natural da renovação. O tempo preenchido com sabedoria avançava sem novas sombras nem dores mais agudas.

Gilberto e Tamíris, em face da aquiescência dos respectivos genitores, noivaram entre sorrisos e compromissos de fidelidade ao trabalho com Jesus. Nos seus planos futuros confidenciavam o desejo de uma prole a serviço da fé, oferecendo-se para os cometimentos do lar, onde esperavam receber Espíritos queridos e, quiçá, necessitados, colaborando, resolutos, na obra de amor de Nosso Pai.

Passadas as ingênuas alegrias das celebrações do Natal, no lar, D. Artêmis foi convocada pelos irmãos a retornar à fazenda, onde o velho genitor, que não via há vários anos, preparava-se para retornar à Pátria espiritual.

Na viagem, acompanhada pelo mano e um amigo que a vieram buscar e a sempre fiel Hermelinda, retornava à infância, ante a paisagem querida que se renovava diante do veículo apressado.

Trinta anos ou pouco mais se passaram desde quando se afastara daquelas terras imensas, com a alma repleta de esperanças e sonhos... Agora, volvia com o espírito povoado de experiências e prenhe de resignação, com infinito reconhecimento a Jesus e à Mãe Santíssima. Em verdade, jamais pudera atinar que os antigos presságios que a assaltaram na adolescência e durante o noivado se concretizassem tão ásperos e abençoados, conforme considerava seus sofrimentos atuais, ante a fé cristalina... Sim — considerava, no solilóquio evocativo —, fora-lhe necessário transferir da Terra as esperanças de alegrias e de felicidades... Não obstante, sentia-se em paz, calma e lúcida, confiando no amor de Deus para o futuro.

Percebeu, por meio dos fios invisíveis da inspiração, que a amada genitora lhe estava ao lado e que aquela seria a sua última viagem, na Terra, aos sítios queridos do seu berço. Procurava reunir as reminiscências aos novos clichês paisagísticos com que esperava, no porvir, lenir as saudades, quando a noite descesse e o frio lhe açoitasse o coração... Experimentando o inefável carinho materno, sentiu aljofrarem-se-lhes os olhos de mornas e abundantes lágrimas.

— Artêmis — advertiu Hermelinda, igualmente emocionada —, vejo a nossa amada Adelaide. Tenho-a nítida, na visão *mental*, a sorrir-me, enquanto a acarinha. Tão bela!

— Estou sentindo-a, há alguns minutos — respondeu a cunhada, tomando-lhe gentilmente a mão.

— Receio que nos prepara...

— Acredito que é o momento do nosso adeus ao papai, que ela espera com santos júbilos, depois da sua longa jornada terrena. Que o Senhor nos sustente e o auxilie no empreendimento novo!

Francisco, o irmão, que dirigia o veículo, conversando com o amigo à frente, noutra ordem de interesses, não ouvia o diálogo nem percebia a psicosfera superior de que também se beneficiava, embora não se desse conta de tal.

Após extenuante viagem por estradas difíceis, que, todavia, não quebrantou o ânimo das duas queridas passageiras, chegaram em paz à hora de um crepúsculo de veludo — carmesim e ouro...

Acorreram ao quarto em que o ancião, arquejante, se debatia no processo da desencarnação, e a filha não sopitou a dor, contemplando o corpo encarquilhado, vencido pelas sucessivas enfermidades que abateram o antigo e austero senhor da região.

Nenhum traço mais restava da pujança dos músculos e da força, da jovial aparência e da robustez de atitudes. O sofrimento subjugara a forma, e a sombra da morte, pairando sobre as carnes sucumbidas, tornara-o um despojo que respirava... Os olhos pareciam manter alguma claridade no rosto carcomido pelas dores rudes.

Depois que D. Adelaide partira, lentamente ele se fora apagando. A saudade impreenchível e as necessidades da evolução pelo sofrimento educativo tomaram lugar na sua vida, agora em bruxuleios, para expandir-se depois...

— Papai!... Meu amado paizinho, aqui estou — aproximou-se a recém-chegada, com infinita ternura —. Perdoe-me a demora... Quanta saudade, meu querido pai!

Dobrou-se como se fosse um colmo débil que o vento recurvava e osculou a face banhada de álgido suor do moribundo. O enfermo, que já se encontrava em avançado processo de desencarnação, ouvindo-a em espírito, desenhou na face desgastada um sorriso de infinita alegria e balbuciou, a custo:

— Minha sofrida... Artê... mis, filha... adorada... Graças... a... Deus!...

Caiu em coma. A ansiedade em rever a filha distante sustentara os liames que o mantinham preso até aquele momento.

Por toda a noite, velado e atendido pela querida filha, durou o desprendimento. Pela alva, enquanto Hermelinda orava a "prece por um agonizante", que extraíra de *O evangelho segundo o espiritismo*, de Allan Kardec, cessou a respiração.

Os filhos, netos, demais familiares e servos foram trazidos para a oração geral, conforme o hábito local, entre o choro das pessoas simples, que o amavam, e da reflexão que o momento da desencarnação impõe a todos, enquanto D. Adelaide acolhia com carinho de mãe o recém-chegado... As lágrimas de dor, na Terra, faziam-se acompanhar dos júbilos além do corpo transitório. Ao tempo em que as pessoas se encarregavam do mister de preparar e trasladar de cômodo o recém-desencarnado, a veneranda entidade, antes de conduzir o amado a outra esfera de vida, deteve-se, contemplando o corpo do esposo sucumbido em processo de desagregação.

Naquele instante, num ato de profundo respeito pela maquinaria orgânica, a sublime concessão da Divindade ao Espírito em crescimento, proferiu uma prece de gratidão aos despojos submissos, nos quais o companheiro aprendera paciência e se adestrara na humildade, crescendo no rumo da luz, após vencida a etapa de provas e experiências ora encerradas.

As exéquias simples não deram margem a cenas lamentáveis como as que ocorrem em tais momentos, quando do sepultamento do cadáver atestando a materialidade de muitos, dentre os quais não poucos rotulados de cristãos.

Hora grave, deve ser observada com dignidade e elevação, envolvendo o ser querido, ainda aturdido, nas carinhosas vibrações da coragem, do respeito e da gratidão, mediante o que se lhe faculta, assim, haurir dos que ficaram na carne emanações anestesiantes, aplicáveis à remoção do cansaço decorrente da jornada recém-concluída.

Infelizmente, em muitos círculos sociais da Terra, vigem o anedotário fescenino, os comentários desairosos, as recordações vinagrosas com que relembram e envolvem os desencarnados, nos velórios dos seus despojos. Isso, não raro, lhes inflige perturbações e angústias, fazendo-os experimentar selvagens sensações condizentes com a natureza das referências pejorativas que dizem respeito a paixões de que ainda não se libertaram ou amargurando-os com o que prefeririam esquecer por todo o sempre, se possível.

Oxalá o bom-tom oral e o respeito à memória dos *defuntos* inspirem os céticos à dignificação ante os que partiram. Nem o elogio fúnebre mentiroso, nem a indébita homenagem bombástica e pomposa, nem — ainda menos — a *santificação* apressada e incoerente, de que passam a desfrutar muitos espíritos, bem como tampouco a mordacidade, o humor chulo, a impiedade derramando lodo e lama nas suas lembranças. Sem exceção, nenhum ser que se encontre encarnado se eximirá a esse renascimento que a morte biológica impõe, incansável.

No convívio de alguns dias com os familiares queridos, revivendo as paisagens, revendo as gentes simples, as duas amigas não perderam oportunidade de referir-se ao Espiritismo, lançando as bases da oração no lar e do estudo do Evangelho que a previdência de Hermelinda levara com carinho, para não se afastar dos seus ensinos, fonte inexaurível de consulta e consolação. Num gesto nobre, ofertou o exemplar a Francisco, que geria a fazenda e permaneceria com outros familiares na propriedade.

Cada noite, enquanto ali estiveram, promoveram o reencontro iluminativo, que se alongava até tarde, enquanto narravam as esperanças e os consolos que hauriam na fé sublime. Evitavam comentar os próprios testemunhos, no entanto, expunham as experiências de dor e paz, desequilibrio e harmonia que haviam presenciado ante a luz meridiana do Consolador.

Respondiam a perguntas, elucidavam as crendices ali aceitas e as superstições cultivadas, reportando-se à mediunidade largamente praticada em toda parte, embora desconhecida nas suas legítimas bases cristãs e morais.

Os argumentos inconfundíveis e as palavras facilmente assimiláveis refundiam o ânimo de todos e colocavam bases para o erguimento de singela célula espírita naqueles longínquos sertões... Lendas e folclore antigos receberam conotações elucidativas, facultando perfeito entendimento e produzindo incontestável alegria.

Os familiares próximos, que sabiam do martírio de D. Artêmis e a identificavam robusta e confiante, ouviam-na com atenção, respeito e carinho. Além disso, os postulados espíritas, graças à sua lógica consubstanciada na experiência dos fatos, traziam a todos novas dimensões sobre a vida, alargando os horizontes do entendimento humano e produzindo felicidade em cada criatura.

Não se encerrando a vida no túmulo, conforme preceituam todas as religiões, é mister compreender-se que uma sociedade de sobreviventes possui sua própria estrutura, seus códigos, seus dispositivos espirituais, sua forma especial de existência... Se se considerar, no entanto, — a preexistência do espírito à concepção, mais fácil se faz compreender toda a complexidade da vida espiritual, tornando-se a da Terra um simulacro, uma cópia imperfeita, sem dúvida, daquela...

As lições sobre a imortalidade, a evocação dos dias apostólicos, das pregações heróicas, imantavam os ouvintes e os felicitavam. Estimuladas pela inspiração de D. Adelaide, passaram à terapia do passe, atendendo aos casos graves de obsessão e enfermidades múltiplas que atavam inúmeros sofredores aos catres das dores...

A convite da genitora de D. Artêmis, Natércio compareceu numa noite de labor cristão, em que as emoções atingiam alto grau de sintonia espiritual. Utilizando-se das forças de ambas abnegadas trabalhadoras, dispensou recursos curativos entre alguns dos enfermos que, instantaneamente, recuperaram a saúde, entre sinceros júbilos dos circunstantes contritos. A luz do amor rompia a treva do desespero, em nome do Senhor.

Na data própria da partida, ante o compromisso honesto por parte de Francisco de manter duas vezes por semana o trabalho iluminativo, as servidoras do Cristo despediram-se. As pessoas lhes oscularam as mãos abnegadas, trazendo singelas lembranças e mimos humildes de carinho e gratidão. Eram doces simples, frutos colhidos nos ramos da natureza, legumes, como nos dias primeiros dos *seguidores do Caminho* se fazia entre os conversos e os seus benfeitores...

D. Artêmis sabia na alma que eram as despedidas terrenas... Procurou reter na lembrança os postais vivos da terra querida e os sentimentos amorosos da afeição dos humildes. Quando o veículo partiu, agradeceram a Deus, deixando acesa a lâmpada da fé viva que as conjugadas forças do mal jamais apagariam, porque colocada no santuário das almas sinceramente tocadas por Jesus.

26 Esperanças e consolações

Reassumindo as atividades a que se vinculavam no Francisco Xavier, com a naturalidade que sempre deve caracterizar o espírita consciente das próprias responsabilidades, D. Artêmis e Hermelinda foram informadas por Epifânia quanto ao júbilo do mentor, em referência à forma feliz como souberam pautar o comportamento nos dias lutuosos em que haviam transformado tristezas terrenas em alegrias da imortalidade.

À guisa de estimulá-las sadiamente na consecução do programa renovador da caridade, confirmou a presença e interferência de Natércio nas tarefas recém-criadas na fazenda, das quais ele lhe dera carinhosa notícia, pedindo-lhe a transmitisse, como encorajamento para futuras realizações.

Quando os homens compreenderem, afirmando-o pela vivência, que nunca estão a sós, mas sempre rodeados de entidades que se lhes assemelham e com eles se sintonizam pela afinidade mental de gostos e atitudes, sem dúvida adotarão outros hábitos de raciocínios, aspirações e comportamentos, a fim de experimentarem e manterem superior relacionamento espiritual. Disso fruirão abençoadas alegrias, experiências de paz e felicidade, porque se alçarão intimamente a situações muito diversas das que lhes são habituais.

As notícias que chegavam de ambos os hospitais constituíam grande lenitivo aos Ferguson. Lisandra, não obstante em processo de recuperação lenta, dava mostras de singular renovação. Participava dos trabalhos espíritas e lia, agora, espontaneamente, *O evangelho*. Estimulada pela enfermeira, com quem repartia apreensões e receios, começou a meditar nas lições do Senhor, submetendo-se ao rigoroso tratamento com humildade e esforçando-se, de certo modo, por cooperar em prol da própria cura.

Prosseguindo, sob a custódia da avó e Natércio, com os sucessivos tratamentos a que era conduzida, quando em parcial desprendimento pelo sono, se liberava da angústia. Sem a constrição de Ermínio, que recebia cuidados afetuosos, recuperando-se em recinto próprio, experimentava menor tensão, desaparecendo as crises de epilepsia totalmente.

Já não defrontando o adversário da paz, diminuíram os pavores e as fugas psíquicas. Sem dúvida, outros que lhe sofreram o jugo ou o desdém, a perseguição ou o sarcasmo insistiam na cobrança. Também o amor de alguns beneficiários da sua devoção somava créditos e interferências, qual ocorria com Rose, a camareira, que lhe fora fiel e dela recebera afeto, ora transformada pela reencarnação em benfeitora natural, desde que nenhuma aquisição de qualquer espécie jaz esquecida nas anotações da vida...

Longa seria, porém, a senda da ascensão para a enferma. Nos encontros espirituais, Natércio a conscientizava das responsabilidades assumidas e apresentava-lhe, com a lógica do amor, os recursos que ela poderia investir, a fim de liberar-se quanto antes da difícil situação. Poderia, sim, na conjuntura expiatória em que o sofrimento diminuía, optar por protelamento de parte dos débitos restantes ou pelo imediato resgate deles.

Raciocinando em regime de fé, compreendendo a imperiosa necessidade de não mais adiar a libertação, passou a desejar a glória da ascensão. Com a visão dilatada, considerando, então, os acontecimentos já do ponto de vista espiritual, aquiescia, naqueles superiores momentos, em receber espontaneamente novas rudes provanças. Já não se evadia à consciência da culpa, nem se justificava com a frivolidade pelos erros cometidos. Sincero arrependimento, isento da ideia pessimista de infelicidade, deu-lhe maiores dimensões aos imperativos de expiação e ressarcimento...

Compreensivelmente, a boa disposição não anulava os camartelos da saudade da família no espírito sofrido. O conforto da fé, e a presença da caridade cristã de que era objeto impediam que a revolta e a mágoa lhe tisnassem as esperanças, fazendo-a mergulhar inda mais no poço do desespero e do azedume, de que saía agora para a largueza da planície em sol da saúde mental. Já se interessava pelos demais pacientes e, quando seu estado o permitia, acompanhava Lisa, procurando ser útil.

Do leprocômio, as notícias sobre o Sr. Rafael eram auspiciosas: ele melhorava a olhos vistos. A hanseníase regredia e as deformações minoravam. Todos lhe abençoavam a amizade espontânea, o interesse fraternal com que se preocupava pelos demais.

Um ano após a viagem de Lisandra, o Sr. Rafael teve alta clínica. A notícia o aturdiu. O Dr. Armando Passos agira com prudência durante o ciclo dos exames, conforme fizera com a jovem, a fim de evitar a surpresa de uma desilusão, que produz perigosos traumas nos pacientes esperançosos... A família foi notificada pelo médico em júbilo, que se comprometeu a acompanhar o amigo de volta ao lar, produzindo nas almas simples e sinceras uma inaudita emoção de felicidade. Gilberto, embora a alegria de saber o genitor recuperado, deixou-se apossar de terrível angústia íntima que procurou dissimular.

Na mesma noite, no centro espírita, enquanto Epifânia atendia aos sofredores que lhe buscavam o concurso espiritual, com sincera humildade o moço relatou o drama à intermediária de Natércio, sem omitir os sentimentos que nutria pelo pai e dos quais se envergonhava. Rogava-lhe orientação e ajuda.

Verdadeiramente compungida, Epifânia não se furtou a confortá-lo, pois sabia ser ele a reencarnação de Jean-Marie de Rondelet, o qual, em existência anterior, havia padecido injustas e duras subjugações como cavalariço do Sr. Georges e que, vendo a família sucumbir sob as crueldades do amo — a quem servia e odiava —, se valera de sua bela aparência para tornar-se amante de Annette, vingando-se, assim, com o desonrar o nome do seu senhor.

— A experiência carnal, numa família — elucidou, telementalizada por Natércio —, constitui ensancha de aprendizagem e reparação. A indiferença que você nutre pela irmã sofrida e o desprezo pelo pai azorragado são procedentes, embora não justificáveis. Provindos do passado próximo, devem ser sanados agora, ante a medicação oferecida pelo Espiritismo.

"Você tem sabido valorizar o tempo e lutar contra as tenazes da inferioridade que teimam por puxá-lo para baixo, enquanto as esperanças do Senhor o impelem para cima. Não decaia neste momento. Refugie-se na oração e veja o genitor com os olhos da piedade... A renovação que ele se impôs e as dores superlativas que sofreu, estoico, credenciam-no, agora, ao seu amor. Antes, merecia já a sua devoção e afeição filiais, pela gratidão que lhe deve ao corpo sadio com que marcha para o futuro... Hoje, adicione o respeito pelas lutas que ele travou, as renúncias e angústias a que se impôs, e o amor santificado lhe substituirá a melancolia evocativa do lúgubre passado..."

Silenciou por momentos, colocou fraternalmente a destra sobre o ombro, refundindo-lhe as energias pelo toque direto afetuoso e concluiu:

— Diminuem as responsabilidades que você abraçou com nobreza em relação aos familiares. Todavia, tal compromisso — de que você se libera em parte, com o retorno do genitor — não cessa, antes se estende, devendo você, agora, assumi-lo em relação a outrem...

Gilberto corou, compreendendo a delicada insinuação.

— Sou-lhe muito grato, minha irmã — respondeu, emocionado —, pelos ensinos e diretrizes. Prometo esforçar-me e sei que, amparado pelos espíritos bons, conseguirei atender sem qualquer sacrifício.

"De fato, pretendo logo consorciar-me com Tamiris, no que ela está de pleno acordo. Com a volta de papai, ser-nos-á mais fácil a empresa, permitindo-me maior tranquilidade para a decisão. Vinha receando afastar-me fisicamente de casa, em razão do matrimônio, nas circunstâncias antes vigentes. Embora o amor que une meus familiares à minha noiva, aqueles iriam sofrer maior solidão... Com esta interferência divina que nos devolve a saúde de papai, e ele mesmo à família, a minha ausência, claro, não será tão grande, terá menor efeito negativo. Deus a abençoe pela ajuda!

A aura psíquica, a afetividade espontânea e o interesse amigo da médium, telecomandada por Natércio, magnetizaram o jovem que, ao influxo de tais energias benéficas, se refez, retirando-se renovado, renovação que poderia manter e dilatar a esforço próprio, se perseverasse nos propósitos edificantes com que refundiria as forças hauridas, como, de fato, aconteceu.

No dia convencionado, o Dr. Armando Passos e senhora trouxeram o ex-hanseniano de volta ao lar. Cândido e esposa o aguardavam, participando dos júbilos familiares, que também o eram pelos vínculos da fé que esposavam.

Epifânia, convidada por D. Artêmis, compareceu, levando festivo bolo comemorativo. À chegada do chefe da casa, as alegrias misturadas às lágrimas espocaram em todos os corações.

Dezesseis anos se haviam passado desde o dia sombrio em que saíra sob o estigma de rudes incertezas e vencido pelas acerbas aflições. Naquela oportunidade, os pequenos sinais exteriores retratavam a hanseníase do espírito, ao passo que agora as expressivas marcas e mutilações da enfermidade orgânica traduziam a liberação de todo o mal drenado da alma...

Após as saudações afetuosas, os abraços cordiais, ele não pôde ocultar o sentimento de saudade pela ausência da filha. A esposa percebeu-lhe a sombra da tristeza na face e apressou-se a dizer-lhe:

— Na glória da nossa redenção, continuemos convertendo as tristezas e amarguras da Terra em esperanças e alegrias que um dia fruiremos na Espiritualidade.

A intervenção inspirada por D. Adelaide, igualmente em júbilos, produziu o milagre que pretendia. Ato contínuo, ainda sob o mesmo comando, aduziu:

— Roguemos à amada irmã Epifânia que expresse por nós gratidões e júbilos ao Senhor por mais esta preciosa concessão com que Ele nos enriquece, embora reconheçamos nada merecer. Os verdadeiros cristãos não podem nunca se olvidar da gratidão, especialmente às fontes sublimes da Misericórdia divina, na hora da alegria. Na lição dos *dez leprosos* curados, jamais nos esqueçamos de que apenas um voltou a Jesus para agradecer... E foram dez os que se curaram!...

Aquiescendo, prazerosamente, a fiel servidora do evangelho se concentrou, e, pela psicofonia, Natércio se fez intermediário de todos, na oração refazente. Quando concluiu o sublime ofertório, pairavam na psicosfera, saturada de harmoniosas vibrações de difícil definição, dúlcidos e blandiciosos eflúvios de reconforto e revigoramento espiritual.

No profundo silêncio que surgiu, espontâneo, cada um repassava mentalmente as lutas travadas e a presença da ajuda celeste, a par dos resultados felizes. Sentíamos que as dores suportadas não eram preço demasiado para se fruírem tais júbilos e compreendíamos por que aos cristãos primitivos a doação da vida física em holocausto por Jesus não significava muito. Imantados pelas superiores energias, ansiávamos por penetrar-nos delas em definitivo...

Com a sabedoria que lhe era peculiar, o venerando instrutor, procurando fixar indelevelmente nos espíritos e nos corações aqueles momentos, expôs:

— Somos viandantes da infinita jornada dos séculos... Não nos encontramos juntos pela primeira vez. Nossos passos cruzaram-se, anteriormente, redescobrindo uns as pegadas de outros na mesma senda...

Até agora, bem pouco aproveitamos das concessões superiores do Senhor de nossas vidas. Postergamos a redenção, fascinados pela ilusão; cedemos à glória transitória a coroa da felicidade permanente; preferimos a asfixia dos vales estreitos à atmosfera pura dos elevados montes; por tais razões, embora a ânsia de liberdade, debatemo-nos no presídio das limitações que mantivemos; sonhando com os céus transparentes e luminosos, vivemos em charneca sombria e pesada...

"Novamente chega até os nossos ouvidos a voz de Jesus chamando-nos, em doce entonação, ressumbrando oportuna advertência. A chancela da aflição nos assinala o cerne da alma, e o Seu bálsamo nos diminui a inclemente ardência, acalmando-nos. Pelo que mais aguardamos? Até quando Ele esperará pelo nosso teimoso adiamento de adesão definitiva à verdade?"

Na pausa que se apresentou, natural, as interrogações nos alcançaram em expressiva magnitude.

Desde quando protelávamos o nobre cometimento, perturbando-nos nos ciclos estreitos das repetições fastidiosas, inaproveitadas? Eram convites à meditação que mereciam prioridade.

Ante a extensão dos preciosos ensinos, o lúcido benfeitor prosseguiu:

— Somos unânimes em identificar os gravames e os insucessos, reclamar contra os erros e as dores, no entanto, quão pouco temos proscrito a insensatez e as justificativas indébitas do campo das nossas realizações! Este é para nós um momento muito valioso, de profunda significação.

"A terra ingrata e ardente, perfurada sem desânimo, retribui a insistência com o débil filete de água, que se converte em fonte generosa. As sombras densas, em conjugação teimosa, não apagam flébil lamparina. Letra a letra se compõe o livro nobre. Passo a passo o viandante vence a distância.

"Nenhum milagre, nem feito prodigioso. Todo ministério ditoso impõe perseverança, continuidade, labor bem dirigido, a fim de lograr êxito. Num momento, arrojam-se fora aquisições de séculos, infelicitam-se afeições queridas, perdem-se oportunidades santas ao açoite das paixões tormentosas. Ou nos resolvemos a vencê-las com firme resolução, ou nos reterão por milênios nas baixas vibrações da animalidade que nos onera o avanço por meio de impedimentos múltiplos...

"Decidamo-nos a avançar, sem o acumpliciamento da autocomiseração, da condescendência para com as próprias fraquezas. Quem se entrega a Jesus e Lhe segue os ensinamentos encontra meios e forças para o soerguimento redentor.

"Diz-se que a morte é o que de pior nos pode acontecer. Para nós, todavia, desencarnar significa reviver. Em verdade, pior do que a morte é a persistência no erro, é a resistência ao bem, é o cultivo do negro egoísmo, conservando em estado de morte aquele que deveria viver."

Natércio ainda expressou outros grandiosos conceitos, com que os alertou e nos alertou, despedindo-se numa aura de indefinível magnitude espiritual. Os presentes uniram-se numa mesma vibração de amor, como se buscassem, naquela harmonia de sentimentos, a segurança que lhes permitisse continuar a lutar sem desfalecimentos. E nós outros, agradecidos, buscamos a natureza para meditar...

27 Caridade – discrição e devotamento ao bem

O Cristo pairava naquele grupo de almas afeiçoadas ao evangelho. Todos provinham de experiências aflitivas em que temperaram o ânimo nos altos fornos dos testemunhos bem vividos, compreendendo, desse modo, as reais finalidades da reencarnação.

O mergulho na carne não constitui, exclusivamente, uma punição, processo de resgate de débitos, mas também santa oportunidade de crescimento e autorrealização. O corpo é patrimônio divino de que nos devemos utilizar com respeito, consagrando-o aos misteres enobrecedores aos quais se destina. Instrumento de ascensão, é também campo feliz, quando amparado pelo amor, para efusões ditosas, por cujo intermédio a paternidade estreita a vida nos braços da redenção, facultando-se aos desafetos reencontros e reequilíbrios que os fazem amparar-se mutuamente, restabelecendo vínculos despedaçados e reestruturando realizações em soçobro.

Na família Ferguson, o sofrimento abriu as áreas de semeação, em que o arado das expiações e das provações sulcou a terra adusta para a sementeira divina do *Evangelho da Vida*. O Sr. Rafael, realmente vitorioso sobre si mesmo, guardava na face e no corpo os sinais e as mutilações das batalhas ásperas que tivera de travar para reencontrar-se.

A forja de alta temperatura da hanseníase e o ácido das perturbações na consciência pejada de culpas modificaram-lhe a estrutura brutal do temperamento férreo, em cujo esforço soube aplicar as reservas de energia para os ingentes labores autoiluminativos. Quando o homem mau se decide à bondade, é ardente na recuperação do tempo malbaratado e na redenção de si mesmo. Tudo investe e nada teme até o encontro marcado com a consciência liberada.

O reino dos céus deve ser "tomado de assalto", porquanto, em modorrenta decisão, desperdiçam-se os ensejos próprios, e o veículo da oportunidade se destroça antes de colimar a meta. Isso devem compreender todos os discípulos do Consolador, decidindo-se, sem "olhar para trás", ao avanço que pretendem empreender.

Com as conquistas realizadas no período de internação hospitalar, nosso amigo iniciava a produção do bem real, em si mesmo. Não fora sua única estada em Dax, em que malograra, malfadado.

Antes de envergar o corpo de Georges, estivera, como governante mais arbitrário, decidindo destinos na velha fortaleza que se destaca, ainda, sobranceira e dominadora, sobre a cidade... Volvera aos mesmos sítios a fim de recuperar-se, o que não conseguiu, agravando mais ainda as responsabilidades em face dos novos delitos que o tornaram inditoso precito.

Não se impõe uma sobrecarga difícil de conduzida ou insuportável, porque o Amor jamais pune em todo e qualquer cometimento educativo.

Em desdobramentos naturais pelo sono, o espírito relativamente lúcido recordava os deveres a que se devia impor e fixava na consciência atual o impositivo do trabalho, a fim de que as realizações beneficentes conseguissem diminuir as aziagas consequências dos disparates morais e desaires criminosos em que se envolvera reiteradas vezes.

Em diversas circunstâncias, D. Adelaide e o venerando Natércio conduziam-no aos sítios de desdita nas baixas esferas espirituais, onde padeciam cômpares de antigas loucuras que não despertaram para as realidades da vida e careciam de socorro...

Vítimas das circunstâncias, apresentavam-se enlouquecidos pelo ódio que os comburia, dementados pela monoideia da vingança em deformidades perispirituais estarrecedoras, como decorrência das próprias construções mentais a que se permitiam e sustentavam a preço de desgraça incessante... O antigo senhor da fortaleza sombria atemorizava-se, formulando projetos, sob a inspiração do Cristo, com olhos postos no futuro.

Do passado, acompanhava-o D. Artêmis, que lhe fora esposa fiel durante as mais arbitrárias imposições da selvageria de que era objeto, e perseverava, constante, procurando atenuar os males que perpetrava como cireneia bondosa junto aos infelizes e por eles intercessora, quando a cidade pertencia ao Viscondado de Béarn, nos idos do século XIV, tempo em que a fortaleza fora levantada.

A dor sublimada içara-a à luz, enquanto o desnaturado consorte mergulhava no abismo, donde se ofereceu para erguê-lo na atual reencarnação, nele colocando, pelas mãos de Cândido, uma das suas antigas vítimas, a mensagem libertadora de Jesus pela Revelação Espírita. É da lei que a vítima socorra o agressor, porque a claridade mergulha no fosso para clareá-lo e o auxílio sempre é proporcionado por quem se encontra em posição melhor e mais feliz.

Esta, sem dúvida, a situação dos injustiçados, outrora perseguidos e malsinados: não revidam, antes doam perdão. Elevam-se e depois descem para erguer os que caíram, estendendo-lhes mãos amigas, jubilosos por poderem ajudar na remoção dos escombros sob que jazem e dos quais, benfeitores, hoje, se libertaram como suas vítimas de ontem.

Cândido, à época, sofrera-lhe rude perseguição que resultara na morte impiedosa que lhe fora infligida. De formação social humilde, não agasalhou as labaredas do desejo da vingança, liberando-se, por sua vez, da insânia passada em hostes bárbaras, quando da invasão da Europa... Progredindo, emulado pelo amor, não tivera dificuldade de aceitar a Revelação Espírita, que lhe chegou à alma, no santuário do lar humilde, onde recebera a formosa formação moral para o atual compromisso.

Ao ensejo dos sacrifícios de Artêmis, em Dax, no passado medieval, Hermelinda fora sua irmã dedicada, que a substituíra pelo matrimônio imposto pelo cunhado, após a sua desencarnação, também sucumbindo sob os maus tratos e imposições do caprichoso e infeliz esposo, poucos anos depois. Renascera para ajudar, vinculando-se pela consanguinidade ao verdugo e volvendo a ser a irmã incomparável da cunhada...

A programática dos mapeamentos reencarnatórios examina os antecedentes e as possibilidades ajustáveis para os misteres elevados, quando estão em jogo tentames relevantes de grupos espirituais em processo redentor... Foram, portanto, e sempre o são, conjugados esforços, examinadas circunstâncias, a fim de que o desertor do dever, o defraudador, não tenha como eximir-se à responsabilidade da refrega que interrompe, prejudica ou impede, escudando-se em justificativas ou escusando-se de culpa...

O Sr. Rafael não passaria despercebido onde se apresentasse. Claudicava significativamente, com alguns dedos mutilados e inconfundível expressão facial... Receou aparecer no centro, explicando que temia ferir a sensibilidade do próximo e expor os familiares a sofrimentos, a humilhações desnecessárias. Apesar das explicações honestas, que fundamentava em zelo por todos, a esposa e a cunhada demoveram-no, após ouvirem a sempre carinhosa e devotada Epifânia.

— Esta é a *Casa de Jesus* — expusera a médium —, onde os "filhos do Calvário", que somos quase todos, encontramos alento e amparo. Se aqui não viermos, para onde iremos? Que se não constranja o querido irmão Rafael e venha ajudar-nos.

Dando uma dose de humor oportuno, concluiu:

— Sem dúvida não nos encontramos num salão social, em que a beleza do corpo desfila, pois não? Nossa disputa assume relevo mais expressivo: a aquisição da beleza da alma...

Sem maiores esforços, ele passou a frequentar o núcleo, vencendo o constrangimento inicial e reencontrando a naturalidade, no que o auxiliaram os confrades, que jamais lhe foram indiscretos, ou se interessaram, negativamente, em identificar as origens das suas limitações. Unanimemente aproximaram-se do irmão alquebrado de forças físicas, todavia de espírito fortalecido, conduzindo, visíveis, as homenagens defluentes das batalhas travadas no campo da evolução...

Na Sociedade Espírita, os homens devem valer pelos seus requisitos interiores, jamais pelas lantejoulas e aparatos da exterioridade. Como a caridade da discrição abre as portas para o exercício das outras modalidades de socorro, nunca deve ser esquecida no culto das realizações cristãs.

A crítica mordaz, a censura azeda e a observação infeliz não podem receber acolhida onde se cultiva a mensagem do evangelho. A fraternidade na palavra abre os braços para o posicionamento do coração e a atitude da mente, em ação benemérita. Onde se agasalha a *parasitose moral*, não vigem as medidas profiláticas do espírito do Senhor.

No Francisco Xavier as atividades edificantes não facultavam tempo à ociosidade, e nos estudos doutrinários exprobravam-se com veemência os discrimes morais, as frivolidades, arregimentando os servidores para as ações de autoburilamento, base para os empreendimentos de qualquer natureza superior.

No aconchego da amizade espontânea, em que revelou por meio do tempo as excelências das novas disposições interiores, o Sr. Ferguson encontrou estímulos para prosseguir na tarefa. Engajou-se em serviço modesto, nos dias em que a esposa e a irmã se apresentavam para as realizações a que ali se entregavam.

A mediunidade de Hermelinda desdobrava-se, consoladora, no ministério desobsessivo a que se entregava de alma feliz. Concomitantemente, atuava nos passes, em dias próprios, ao lado de D. Artêmis, que ganhou a alcunha delicada de "irmã doçura" pela forma carinhosa com que recebia todos...

O Sr. Rafael não esquecia os irmãos internados na colônia de hansenianos. Uma compulsão de saudade e amor tisnava-lhe a dita. Confidenciou à esposa o propósito de cooperar junto aos amigos que ficaram. Receava pelo prosseguimento das realizações do Clube do Otimismo.

A consorte, que o compreendia e achava justas as argumentações, estimulou-o a apresentar o problema ao Dr. Armando Passos, depois de uma das reuniões doutrinárias. Tão logo surgiu a ocasião, o ex-paciente explicou ao leprólogo os seus desejos. O médico ouviu-o com entusiasmo.

— É claro que lhe aceitamos a ajuda — concordou, eufórico —. Se recebemos o egresso que se não adapta quando retorna ao lar, como não aceitar a cooperação de quem triunfou?

O antigo hanseniano enrubesceu e, gaguejando, explicou:

— Há, apenas, um problema...

— Qual?

— O da locomoção. Não disponho de haveres para um veículo de aluguel conduzir-me. Se eu conseguisse...

— Isto não será empeço. Diga quando quer ir e mandaremos buscá-lo no carro do serviço. Quando?

— Tenho pensado em passar dois dias da semana lá, indo pela manhã e volvendo ao entardecer...

— Acertado.

Desde então, nos dois dias dentre os que não trabalhava no Francisco Xavier, o ex-leproso da alma adentrava-se pela colônia de agonia... para ajudar, em nome de Jesus, retribuindo, em parcelas de amor, quanto recebera em bênçãos eternas de felicidade.

28 As alegrias e os testemunhos

Pairava na família, tão rudemente provada pelos sucessivos testemunhos purificadores, uma psicosfera de paz, conquistada a preço elevado de silêncios, sacrifícios e dedicação ao próximo. De Lisandra, as notícias eram auspiciosas, assinalando seus progressos e reajustamento. À instância de Lisa, cooperava na enfermagem auxiliar, o que lhe constituía terapêutica valiosa, confiando poder retornar ao aconchego da família na primeira oportunidade. Suas cartas agora estavam repassadas de esperanças e otimismo. Ressuscitara, readquirindo forças para prosseguir nos cometimentos que lhe estavam destinados.

Seis meses após o retorno do Sr. Rafael, foram celebradas as bodas de Gilberto e Tamíris num clima de simplicidade e fé cristã. A solenidade civil, pura e simples, fora o ato que os unia diante da legislação do país e perante os amigos, servindo de base legal para o compromisso moral que o amor selava em sua grandeza profunda.

Singela recepção aos confrades e amigos mais chegados ao lar da noiva assinalou a alegria de todos, num ambiente de festa e cordialidade fraternal. Do nosso lado, em comovida oração, D. Adelaide suplicou bênçãos e amparo divino para os consortes, tendo em vista a gravidade com que consideramos os esponsalícios, especialmente quando realizados entre aqueles que se identificam com os postulados cristianíssimos da Doutrina Espírita.

À união dos corpos sabemos precederem compromissos de sublimação, dor, reajustamento e sombra, cuja violação sempre acarreta consequências penosas para ambos os consórcios. A fim de se evitarem os desaires e choques que, naturalmente, ocorrem numa convivência a dois, especialmente se o amor não se faz estruturar nas bases da tolerância e da compreensão, o companheirismo durante o noivado é de fundamental importância, facilitando maior e melhor identificação pessoal, bem como ensejando a reeducação dos futuros nubentes, que se compreenderão desde logo, sem as surpresas que decorrem das uniões precipitadas.

Além disso, nunca se postergando o exame da responsabilidade na construção da família, os nubentes sabem que a progenitura é decorrência natural da comunhão física, por meio de cuja investidura retornam aqueles com os quais todos nos encontramos comprometidos, a fim de facultar-lhes o cadinho das abençoadas experiências terrenas...

Os filhos, a possibilidade de recebê-los, convém merecer cuidadoso exame dos candidatos ao matrimônio, que se não devem deixar envolver pelas modernas teorias anticoncepcionais, engendradas pelo egoísmo e pelo utilitarismo, com respaldo na irresponsabilidade do *dolce far niente*, sob a desculpa injustificável da explosão demográfica avassalante e insustentável em termos de futuro...

Também cabe a consideração de que a ausência dos descendentes pelo corpo, como imposição redentora decorrente dos abusos pretéritos que propiciaram fundas lesões perispirituais a expressar-se na impossibilidade da fecundação, na esterilidade, não isenta ninguém da paternidade e maternidade espirituais, levando os casais, assim caracterizados, à condição de providenciais e abnegados pais de filhos de pais vivos, distendendo-se-lhes os braços socorristas e compassivos, para conchegá-los de encontro ao coração, preservando-os da orfandade social, com o que se credenciam à reconquista dos valores malbaratados e das bênçãos da procriação outrora vilipendiadas...

Gilberto e Tamíris encontravam-se conscientizados quanto aos deveres e funções decorrentes do matrimônio. Contavam com a ajuda da fé espírita que os clareava por dentro e com o *milagre* do amor que os unia e sustentava.

A programação dos destinos, exceção feita aos pontos capitais de cada vida, ajustada aos impositivos redentores indispensáveis à readaptação das ações anteriores, sofre sucessivas alterações resultantes do comportamento, das realizações, conquistas ou prejuízos a que a criatura está sujeita. No tracejamento dos compromissos humanos, são previstas várias opções, em razão das atividades e injunções que se criam durante a vilegiatura corporal...

Construtor do destino, cada um o altera consoante lhe apraz, desde que não se encontre na expiação irreversível, que funciona como cárcere compulsório do defraudador renitente que engendrou, pela teimosia ou revolta incessante, a constrição que o reeduca, a benefício dele próprio.

Como ninguém se encontra destinado à dor, ao abandono, à infelicidade, as ocorrências afligentes são-lhe recursos salvadores de que se deve utilizar para crescer e aprimorar-se em espírito. Da mesma forma, as manifestações propiciatórias de felicidade, saúde, inteligência, afetos, independência econômica, longe de constituir-se prêmio ao merecimento, revelam-se como *empréstimo* para investimentos superiores, aquisições de relevo para o bem comum, de que todos são convocados à prestação de contas, posteriormente.

A vida física constitui-se de oportunidades, todas valiosas, com que o espírito se defronta, sob qualquer manifestação, para o seu aprimoramento, sua ascensão. O matrimônio, portanto, é a oportunidade para a elaboração da família, a construção da sociedade.

No lar encontram-se os fatores causais do mundo melhor, ou desafortunado, do futuro, conforme a diretriz que se estabeleça para a família. Mesmo considerando a vasta cópia de Espíritos necessitados de reencarnações compulsórias, nenhum deles, entretanto, retorna ao mundo carnal para promover a desordem, estimular a anarquia, fomentar a anticultura ou a perversão de valores. Antes, pelo contrário, a vida material representa ensejo para que recebam diretrizes, educação, disciplina, orientação com que aplainem as arestas do primarismo, almejem por melhor posição moral, aspirem a mais amplas concessões da vida.

Essa tarefa está reservada aos lares religiosos da Terra, muito especialmente aos cristãos da atualidade, lamentavelmente distraídos quanto aos deveres primeiros que lhes cabem no hodierno contexto social, divagando ou passeando por especulações adesistas, de conivência com a banalidade e a insensatez, longe dos padrões da responsabilidade do crescimento e da elevação moral.

Não fosse a imposição das dores acerbas no lar Ferguson, e os ímpetos de violência, as induções criminógenas remanescentes do passado tê-lo-iam comprometido muito mais, conspirando contra a felicidade que ora se permitiam anelar, antegozando-a, já, em larga escala. Afeiçoando-se ao bem do próximo, descobriram a técnica de fomentarem o próprio bem. Esquecendo-se das limitações e dificuldades, dilataram-se no rumo dos sofredores, estimulando outros, que, sadios, se acreditavam sem meios para labores que tais. A dor, realizando a função de educadora, salvara-os.

Assim, as disciplinas morais, os deveres espirituais cultivados na família promovem o progresso de seus membros, mesmo que procedentes das faixas inferiores da evolução, corrigindo más tendências, semeando ideias de solidariedade, ordem e justiça com que, de alguma forma, contribuirão para uma humanidade mais equilibrada. Tal não ocorrendo, no lar, serão os promotores das desditas individuais e coletivas, apoiados no desculpismo e na insanidade das justificações com que pretendem transferir as responsabilidades do próprio fracasso aos pais e às gerações transatas... A família cristã deve ser mais do que uma esperança para o futuro bem da sociedade terrestre, antes, desde já, alentadora realidade do presente.

As atividades desenvolvidas pelo Sr. Rafael, no Clube do Otimismo, no leprocômio, passaram a ser de alta valia para aquela comunidade segregada. Em prosseguimento ao labor, solicitou à direção lhe fosse permitido, dentro do espírito das leis brasileiras, que ali se abrisse uma célula espírita para estudo e prática da Doutrina Codificada por Allan Kardec, o que lhe foi concedido, tendo-se em vista a folha de serviços desinteressados que mantinha na colônia, bem como considerada a exposição feliz que apresentou aos responsáveis administrativos pela organização. Mesmo as duas religiosas, irmãs de caridade, que se entregavam ao socorro dos pacientes ali reclusos, não apresentaram qualquer ponderação em sentido contrário, em razão dos requisitos morais e das atividades desenvolvidas pelo apelante.

Um ano, portanto, depois da egressão, o beneficiado conseguia distender publicamente a quem interessasse, sem qualquer constrangimento, a orientação espíritacristã.

As primeiras reuniões tiveram lugar no Clube do Otimismo, onde Cândido, em comovente exposição, desvelou a sua convicção entre aplausos e emoções de todos quantos o amavam e o consideravam *diferente*, em face do comportamento superior a que sempre se impôs.

No Francisco Xavier, o Dr. Armando Passos, com a aquiescência da diretoria da casa e o aplauso entusiasta de Epifânia, deu início a uma campanha de solidariedade para a construção da pequena sede do núcleo, na colônia, onde se poderiam ministrar as valiosas lições do Espiritismo e os recursos fluidoterápicos do passe, da água magnetizada... As dádivas do Alto reconfortavam os corações e dulcificavam os espíritos.

Nesse ínterim, os benfeitores de Lisandra, que se lhe afeiçoaram com carinho, comunicaram aos seus familiares que a sua permanência deveria ser dilatada, tendo em vista a necessidade de fixar-se nas disposições da saúde mental... Segundo a Psiquiatria, o problema de que se fazia portadora era susceptível de recidiva, convindo que, aos primeiros sinais, o paciente recebesse medicação adequada.

Como já estava cooperando no frenocômio, na condição referida como auxiliar de enfermagem, e residindo com Lisa e seus pais, era conveniente que se protelasse um pouco mais a sua estada ali, de modo que a sua recuperação não corresse perigos que se podiam sanar por antecipação.

Não obstante as saudades que todos mantinham, em razão, já, de sua prolongada ausência do lar, renunciando ao egoísmo, haviam sido concordes com a providência salutar.

Na semana do matrimônio do irmão, escrevera-lhe longa missiva, repassada de ternura. Rogava-lhe e à futura cunhada perdão pelos problemas que lhes causara, involuntariamente, e demonstrava sincero, profundo desejo de ressarcir-lhes os incômodos, as preocupações, buscando ser útil de alguma forma no futuro.

A carta considerava acontecimentos juvenis e desnudava ao irmão os tormentos que a constringiram naqueles dias. Em linguagem de fé e lealdade, buscava apoio nos seus sentimentos, agradecendo-lhe a conduta ao seu lado e o esforço quando a conduzira, confrangido, ao sanatório.

Naturalmente que a epístola atingiu a meta, sensibilizando não somente os destinatários, como os demais familiares, que tomaram conhecimento do conteúdo por gentileza de Gilberto. O rapaz, comovido, pela primeira vez experimentou sincera piedade, e uma abençoada onda de ternura o envolveu em relação à irmã.

Nesse comenos, embora o equilíbrio psíquico de que dava mostras Lisandra, sua saúde física passou a anotar alterações. Como Lisa e os familiares já conhecessem os distúrbios anteriores de que fora vítima, aos sinais mais desconcertantes, resolveram consultar um leprólogo local que a submeteu a exames específicos, constatando o retorno da hanseníase.

Colhidos pelo grave diagnóstico, em face da impossibilidade de ocultar-lhe os resultados, sugeriram a repetição do tratamento em circunstâncias equivalentes. Lisandra, no entanto, consciente das necessidades evolutivas, espírita que se considerava, após informar os pais sobre a ocorrência, confortando-os e asserenando-os com esperanças futuras, solicitou o internamento... Não considerava desdouro, nem tinha o de que envergonhar-se. Submetia-se, confiante, aos desígnios superiores da vida, sorvendo toda a amargura que lhe restava.

— Dispomos de recursos — alvitrou-lhe a amiga, consternada — para tratá-la sem a necessidade de um afastamento de nossa casa.

— Eu sei e agradeço — respondeu reconhecida —. Tenho pensado muito, nos últimos tempos, a respeito da minha vida de martírios e renúncias... Só a reencarnação me projeta luz nos inúmeros porquês que me afligem. Graças a isso, tenho resignação e confio em Deus, submetendo-me agora, com humildade, às determinações superiores.

— Nós, porém, não receamos...

— Compreendo e acredito. Este, todavia, é o meu momento de conviver com aqueles que, à minha semelhança, são comensais dos mesmos delitos. Com os conhecimentos espíritas, poderei animá-los e com a pequena experiência de auxiliar de enfermagem poderei ser útil à colônia...

Após um silêncio oportuno, fitou a amiga com o pranto a marejar-lhe os olhos:

— Lisa!...

— Não chore, por favor.

— Não é tristeza nem mágoa... São saudades de todos... Receio que não voltarei a ver minhas adoradas mãe e tia, meu pai, meu irmão e cunhada com a visão terrena...

— Não diga isto!...

— Ouça-me, por favor, enquanto aninho coragem no espírito...

— Ver-nos-emos todos os domingos.

— Não obstante, gostaria de rogar-lhe neste momento...

— Diga, minha querida irmã...

Lisa abraçou Lisandra, que delicadamente a afastou, e expôs:

— Algum dia, se possível, diga-lhes quanto eu os amei, ainda os amo agora e quanto sofro por havê-los afligido durante este longo exílio. Após a minha partida, embora não possua mérito algum, que reconheço não dispor, rogarei a Jesus abençoá-los e me irmanarei aos diligentes operários da caridade, a fim de diminuir-lhes as provas e dores... Que estendam à Epifânia, ao Cândido, ao Dr. Armando a minha infinita gratidão...

— Parece uma despedida!

— Talvez sim. Como nunca nos separaremos e sabemos que a morte não interrompe a vida, ser-lhes-ei, a você e aos seus afetuosos genitores, perenemente reconhecida. Diga-lhes por mim...

Enquanto dialogava com a amiga, sua avó Adelaide a inspirava, mantendo a sustentação das forças, no momento importante da existência.

Dois dias depois — rogara ao genitor de Lisa que justificasse sua ausência do sanatório sob o pretexto de que retornara ao lar, sem tempo para as despedidas —, ingressou na colônia de hansenianos da cidade em que ora se encontrava. A amiga e seu pai conduziram-na, deixando-a, macerados de dor.

Quando os Ferguson tiveram notícias da extensão dos novos sofrimentos que chegavam a Lisandra, não puderam reter as lágrimas, somente dominadas quando Hermelinda, inspirada pelo irmão Natércio, tomou de *O evangelho segundo o espiritismo* e, com a voz estrangulada, leu, ao acaso, a lição *Bem-aventurados os aflitos*, no capítulo V, cujo texto, muito conhecido de todos, adquiria nova dimensão e profundo significado naquele dorido momento. Natural que a dor lhes abatesse as forças, não, porém, a coragem ou a fé.

Cientificada, na palestra da noite, no centro espírita, Epifânia, condoída e solidária à aflição dos seus irmãos, os modernos "filhos do Calvário", em preciosos argumentos inspirados pelo mentor, confortou-os, exortando-os à confiança integral em Deus e à gratidão pelas lutas novamente experimentadas.

Lisandra, conforme fora intuída, e o dissera, não volveria em corpo físico, na atual conjuntura expurgadora, ao seio da família.

29 Últimas provações

Apesar da fé robusta que exornava o espírito da família Ferguson, retornaram à sensibilidade da senhora Artêmis as apreensões anteriores, a expectativa lúrida de notícias mais afligentes. Recordava a filha querida e revia-a sempre melancólica e triste, transitando pela áspera senda dos resgates, sem que houvesse fruído as alegrias inocentes da quadra primaveril... Sempre a evocava sob a constrição do longo martírio.

Agora, quanto deveria estar padecendo? — perguntava-se em longa reflexão —. Gostaria de afagar-lhe a cabeça febril, enxugar-lhe o pranto de dor e soledade, nas longes terras em que as leis austeras da vida a situaram para expungir...

Para a sua ternura, ela continuava sendo a menina fugidia, silenciosa, imersa nos longos cismares que lhe desfiguraram a expressão da face, com o ríctus fundo da amargura estampado, a sulcar, sem termo, o olhar dorido, inquieto, os tiques nervosos...

Nessas evocações, o afeto maternal desatava em lágrimas de imensa agonia, refugiado no silêncio da noite, a fim de não inspirar desânimo ou pessimismo, nem incitar, mesmo que indiretamente, o esposo a maior soma de aflição, que ele sopitava com estoicismo espartano...

A prece era para a macerada mãezinha o lenço enxugador do pranto e da transpiração da agonia. No mergulho da oração a que se entregava, confiante, suplicava à Mãe Santíssima que amparasse a filhinha trucidada pela força do imperioso ressarcimento. O sono a tomava, então, já avançadas as horas, quando, exaurida, era vencida pelo torpor do cansaço.

Gilberto, ora em clima de felicidade conjugal, tinha a alma pungida ante a recidiva da hanseníase em Lisandra. Uma ternura nascida na piedade emoldurava a memória da irmã distante, cuja dor era compartilhada pela cariciosa Tamíris, que a amava com espontânea afetividade.

Nesse ínterim, vencendo as antigas limitações, Lisandra sofria os acúleos do novo testemunho. Acolhida com espírito de caridade pelas religiosas da colônia, ocupou uma câmara agradável na enfermaria feminina, podendo ficar a sós... Os amigos e benfeitores conseguiram dar ao pequeno apartamento, graças à devotada Lisa, um aspecto alegre como se fora um cômodo de jovem sadia... Arranjos e decorações, móveis e utensílios convidavam ao conforto possível, em feliz tentativa de minimizar a situação aflitiva, o que se conseguiu regiamente.

Iniciado o tratamento, o organismo de Lisandra reagiu violentamente, inspirando cuidados e vigilância especiais. A febre irrompeu devoradora e a enferma padeceu delírios prolongados, nos quais as imagens depressivas do passado eram liberadas em agoniadas explosões de riso e lágrimas alternadas, sob cujo efeito o corpo debilitado mais se depauperava.

Uma semana depois do prolongamento da crise, a enfermeira-chefe, Carlinda, espírito afeiçoado ao bem e clarificado pela caridade cristã, a quem Lisa rogara assistência particular para a sua pupila, por experiência, percebeu que a jovem não resistiria por muito tempo. Quando lhe lera o prontuário, notara o registro da disfunção cardíaca de que era portadora e compreendeu que as circunstâncias culminariam por vencê-la... Resolveu-se telefonar à colega, dando-lhe ciência do estado delicado da recém-internada.

À tarde do mesmo dia, acompanhada pelo pai e conduzindo um ramalhete de miúdas flores, de que a amiga tanto gostava, Lisa apresentou-se a visitá-la. Encontrou-a sob um vágado, saída de uma reação mais forte ao medicamento vigoroso.

Estava desfigurada, Lisandra, com as alterações faciais visíveis a lhe deformarem a fisionomia. Sudorese abundante alagava-a, álgida. Auxiliando a encarregada, Lisa dispôs-se ao serviço da solidariedade.

Momentos depois, a enferma, debilitada, retornou à razão e, ao defrontar os benfeitores, desenhou no rosto triste um sorriso de alegria misturado à gratidão. Com débil voz, que as lágrimas abafavam, referiu-se às emoções daqueles dias e à tranquilidade que a dominava.

— Ainda ontem — aduziu, com naturalidade —, após o delírio, acalmei-me e sonhei com vovó. A venerável entidade abraçou-me com imenso calor e, exteriorizando uma alegria inefável, explicou-me que estava chegando o momento da minha libertação, depois do demorado cativeiro. A ave retida na gaiola das dores já se apresentava para voar... Lembrei-me, então, de mamãe, dos familiares, de vocês. Adivinhando-me a interrogação sem palavras, respondeu-me que logo poderia revê-los, estar ao seu lado, quanto me permitissem os recursos ao alcance.

"Asseverou-me que os meus pais sofreriam muito o aguilhão da saudade — por enquanto, na Terra, incomparável tormento —, no entanto, que a Providência, em transferindo-me para cá, preparava-os para esta mais expressiva separação..."

Silenciou um pouco, ofegante.

Lisa, sinceramente comovida, falou-lhe:

— Sentiremos muito sua falta física. Você tem sido a irmã que eu sempre anelei por encontrar...

— Não nos afastaremos, porém... Logo me passem os primeiros períodos de ajustamento, volverei... conforme me asseverou vovó. Nunca os compensarei pelo quanto me proporcionaram. Ao lado de vocês, além da infância, foram os únicos dias de felicidade que fruí nesta existência... Não levo mágoa alguma, a esta hora da despedida... Confio em Jesus e lamento não haver sabido utilizar-me convenientemente do tempo...

Rogo-lhes informar à mamãe, à titia que os meus últimos pensamentos estão sendo para o Senhor e para elas... Gostaria muito de dizer-lhes quanto as amo e não mereci poder fazê-lo... Que me perdoem tudo...

Ofegava ante o esforço.

Lisa, com as lágrimas em abundância, segurou a mão paterna, enquanto ele orava com unção.

— Adeus!... Jesus...

Um desmaio, prenúncio da grande cirurgia, tomou Lisandra, que não volveu mais à lucidez física, desencarnando ao anoitecer...

D. Adelaide informara antecipadamente a ocorrência prevista ao irmão Natércio que, à hora aprazada, acorreu para deslindar o Espírito das últimas vinculações e dos liames com o corpo... Antes da meia-noite, Lisandra, após transpor o portal da vida física em extensão, penetrava na Imortalidade, anestesiada, carinhosamente recebida pela avó.

Cessadas as provas e expiação redentoras, retornava ao Grande Lar exaurida, no entanto, em paz. À noite, foi expedido telegrama à família, e o féretro se realizou no dia imediato. A antiga dama de Dax, que houvera abusado do corpo e da posição social, experimentara os choques de retorno e superara as exigências que elaborou para si mesma, cumprindo todos os trâmites do processo libertador... A vida grafa os regulamentos que ao homem compraz submeter-se, conforme a direção que dá às necessidades e aspirações.

Como a humildade e a resignação lhe assinalassem os últimos meses da existência, pôde ela transubstanciar as energias, o fluido vital e receber dos operosos benfeitores da técnica de desencarnação valioso concurso espiritual.

Ao se operarem os mecanismos de separação do Espírito, em referência aos despojos físicos, cuidou-se de, nas zonas ou centros da vida vegetativa, que são os últimos a serem movimentados em qualquer processo de desencarnação, extrair-se e dispersar-se convenientemente os fluidos mais densos, que poderiam servir de pasto à vampirização dos parasitas espirituais que habitam as necrópoles...

Outrossim, graças à mudança de atitude mental que nela se operara, os inimigos e perturbadores que teimavam, em longo curso, por manter a constrição obsessiva e que lhe competia deles liberar-se, afastaram-se naturalmente, na sucessão do tempo... Quando a síncope cardíaca, em face do desgaste orgânico, interrompeu o equilíbrio da máquina física, muito fácil foi-nos a tarefa de completar o processo desencarnatório.

Simultaneamente, a veneranda Sra. Adelaide, que sabia estar no termo a jornada física da neta, providenciou com Natércio a colocação de dois vigilantes que se revezavam no apartamento da enferma, assim esta se transferiu para o leprocômio. Convenientemente assistido, o recinto esteve resguardado dos malfeitores desencarnados que ali pululavam em exploração maléfica e demorada. Concluía-se com êxito, após ingentes esforços de parte a parte, o caso Rafael-Lisandra, na sua primeira etapa.

O porvir se encarregaria de dar curso ao programa evolutivo de que ninguém se poderá eximir, porquanto é da Lei o impositivo do crescimento e da felicidade, embora os estágios espontâneos que cada criatura prefira nas estâncias de harmonia ou de dor, de felicidade ou desdita, de luz ou de sombra. A opção é pessoal, o impositivo da evolução é geral. O radiograma do infausto acontecimento colheu a família, se não em surpresa total, num golpe de aflição com que a desencarnação dos seres amados sempre se faz anunciar.

Não obstante a fé que norteava a família, esta pungente saudade, que a distância física impõe pela desencarnação, fez-se presente entre as lágrimas espontâneas e as preces doridas de súplica aos Céus. Se tudo no modesto lar já eram saudades, as pequenas coisas representavam, para a família em pungente dor, a presença delicada e triste de Lisandra ausente.

À hora em que a notícia lhes chegou, a vitoriosa lutadora já se encontrava com os despojos orgânicos inumados, repousando em espírito em recinto próprio da *nossa esfera* de ação. Epifânia, Dr. Armando e Cândido foram notificados, comparecendo na noite seguinte ao lar visitado pela nova, inevitável provação. Embora traindo na face a presença da amargura, a família se apresentava com as disposições da fé espírita que a todos lenia e sustentava.

Acompanhados pelas respectivas esposas, o médico e o enfermeiro trouxeram a solidariedade do afeto e da consideração que todos nos devemos à hora dos testemunhos. Epifânia e o irmão Cássio Martins, diretor-presidente do Francisco Xavier, em nome do grupo, fizeram-se portadores dos protestos de amizade fraternal, compartilhando as emoções compreensíveis do momento.

D. Artêmis, sempre nobre, solicitou que se fizesse um culto de gratidão ao Pai e de intercessão pela filhinha sempre viva, mediante alguns momentos de preces, no que foi apoiada com agrado por todos. Proferida comovedora oração pelo irmão Martins, suplicando as bênçãos do Senhor para todos, iniciou-se o serviço da luz. Hermelinda tomou do Evangelho e leu pausadamente a página sorteada para o momento.

Os preciosos ensinos exarados no livro-roteiro caíam como bátegas de consolação sobre as feridas abertas pela agonia. Visivelmente comovida, a tia devotada de Lisandra prosseguiu:

— A vida espiritual é, com efeito, a verdadeira vida, é a vida normal do Espírito, sendo-lhe transitória e passageira a existência terrestre, espécie de morte, se comparada ao esplendor e à atividade da outra. O corpo não passa de simples vestimenta grosseira que temporariamente cobre o Espírito, verdadeiro grilhão que o prende à gleba terrena, do qual se sente ele feliz em libertar-se. O respeito que aos mortos se consagra não é a matéria que o inspira; é, pela lembrança, o Espírito ausente quem o infunde. Ele é análogo àquele que se vota aos objetos que lhe pertenceram, que ele tocou e que as pessoas que lhe são afeiçoadas guardam como relíquias. Era isso o que aquele homem não podia por si mesmo compreender. Jesus lho ensina, dizendo: Não te preocupes com o corpo, pensa antes no Espírito; vai ensinar o reino de Deus; vai dizer aos homens que a pátria deles não é a Terra, mas o céu, porquanto somente lá transcorre a verdadeira vida.[10]

---

[10] Nota do autor espiritual: KARDEC, Allan. *O evangelho segundo o espiritismo*. 76. ed. Rio de Janeiro: FEB, cap. XXIII, it. 8: Deixar aos mortos o cuidado de enterrar seus mortos.

Na pausa que se fez natural, reconfortante, aspirava-se uma psicosfera salutar, enquanto dulçurosas vibrações de harmonia pulsavam nos espíritos em contrição. Realmente, não se poderia aguardar mais preciosos quão oportunos ensinamentos, verdadeira resposta do Mundo espiritual às cogitações e saudades dos deambulantes na forma corporal.

Nesse momento, Natércio, com inconfundível acento de sabedoria, em psicofonia espontânea por Epifânia, adicionou comentários formosos sobre o capítulo e referiu-se com terna alegria ao primeiro dia de Lisandra no *Grande Lar*, após a, travessia difícil, de que recolhia agora abençoados resultados, mediante o justo repouso que desfrutava, após o cansaço, as inquietações e os acerbos sofrimentos.

Mantivessem-se os familiares no clima de confiança e ternura, auxiliando-a na readaptação, no posterior despertamento, a fim de que ela pudesse prosseguir os compromissos que lhe faltavam cumprir.

Natércio adentrou alguns detalhes quanto à desencarnação da sua pupila espiritual, noticiou informes e ternura de dona Adelaide, encerrando a preleção com elevada súplica ao Senhor da Vida a benefício da recém-desencarnada, pelos que ficaram nos labores do corpo, nas batalhas da redenção e despediu-se.

O irmão Martins encerrou aquele ato de fé, enquanto o ar balsâmico da natureza, no ambiente, saturava-se de sutis energias refazentes que procediam do *nosso lado*.

Depois de breve conversação, os irmãos se retiraram, deixando a família em condições de prosseguir nas tarefas abraçadas.

Dias após, a Sra. Artêmis, em missiva de reconhecimento profundo e comovedor, apresentou sua gratidão e sentimentos de afeto a Lisabete e familiares, pelo quanto haviam contribuído para diminuir as penas da sua filha.

A correspondência afetuosa estimulou a enfermeira a detalhar os últimos dias da amiga, narrando seus desejos e recomendações em documento de expressiva fé cristã, moldado na forja do amor e da certeza da vida em triunfo.

30 Novos rumos

O tempo, em sua marcha inexorável, se encarregou de diminuir a dor da saudade de Lisandra, embora não conseguisse apagar das mentes dos familiares as reminiscências queridas. O sofrimento nas almas submissas converte-se em adubo fértil com que estas se enriquecem de frutos de amor e paz.

A família prosseguia na obediente faina da edificação do bem, sustentando os compromissos da assistência fraternal a que se afeiçoou. Em ocasião própria, transcorridos alguns pares de meses após o matrimônio de Gilberto e Tamíris, fomos convocados pelo irmão Natércio para acompanhar o programa de resgates que iniciaria uma nova configuração dentro de um esquema adrede elaborado.

Em reunião realizada em *nosso plano*, os cônjuges foram trazidos em desdobramento parcial pelo sono, a fim de tomarem conhecimento das tarefas futuras.

O labor, que transcorreu no Centro Espírita Francisco Xavier, contou com a participação dos trabalhadores desencarnados e encarnados daquela colmeia cristã.

Os genitores de Tamíris foram também convocados, estando presentes os Ferguson, Cândido, Dr. Armando e Epifânia, que acompanharam por largo tempo as colocações cármicas das personagens envolvidas na trama dos destinos.

Os convidados, que conservaram regular lucidez, em se considerando o estágio evolutivo de cada um, experimentavam os júbilos decorrentes das surpresas agradáveis, comentando encontrarem-se às vésperas de acontecimentos ditosos. Sabiam-se reunidos por impositivo de superior vontade, e, diante do amorável Natércio, sentiam-se custodiados por verdadeiro anjo da caridade.

Com inflexão de voz inesquecível, o mensageiro da luz deu início à reunião:

— Irmãos queridos, que nos abençoe o Senhor! Estamos aqui reunidos, por mercê do Pai, objetivando cometimentos futuros que nos dizem respeito desde agora e com os quais nos solidarizamos, perseguindo as metas superiores da vida.

Ressumam do nosso pretérito as realizações que produzimos e se insculpem em nosso espírito, constituindo-nos agasalho ou desvalimento, benefício ou desaire. Revivem em nós, sob circunstâncias próprias, fatos e acontecimentos com que nos acumpliciamos, chamando-nos a atenção para os resultados felizes ou desditosos que somos obrigados a defrontar e atender.

A roda das vidas sucessivas traz-nos de volta o que ficou para trás, em carência ou fartura, como efeito natural da marcha empreendida. Não sendo a vida mais do que uma sucessão de experiências no corpo e fora dele, formando um todo harmônico a impelir-nos para a frente, é compreensível que numa regularizemos o que noutra defraudamos, num ensejo recebamos o reforço que acumulamos no transato.

O tempo, na sua contínua romagem, é um constante presente. Condicionando-nos às ocorrências do ontem e do amanhã, não raro nos acomodamos a tais limites, lamentando o passado, anelando pelo futuro, sem nos permitirmos usar convenientemente a hora atual.

Valorizando o presente e atuando com equilíbrio, formaremos bases pretéritas e agiremos com posterior segurança, vivendo um hoje perene. De qualquer forma, valorizando ou desperdiçando a oportunidade, o carro da reencarnação nos convoca a responder pela aplicação das horas, nos sucessos que sempre nos alcançam, infalivelmente.

O expositor silenciou em oportuna pausa e fitou os circunstantes atentos, que tinham os olhos nele postos. Dando prosseguimento, adiu, esclarecedor:

— Nenhuma ocorrência imprevista a suceder-nos pela romagem ascensional. Bem informou Jesus: "Até os cabelos da vossa cabeça estão todos contados",[11] numa demonstração eloquente de que tudo se encontra programado num esquema de equilíbrio e sabedoria transcendentes. Nossas atitudes, todavia, alteram os quadros das ocorrências a que estamos submetidos, apressando ou retardando nossa marcha, consoante a direção que imprimimos ao comportamento pessoal.

"Fala-se muito que a Terra está invadida pelo caos e que a anarquia comanda governos e povos interessados nas questões da prepotência com que fomentam a miséria moral, geratriz de todas as outras, e que o monstro da guerra é uma constante nos seus diversos quadrantes. Argumenta-se que o desespero, em golpe infrene, arrasa esperanças e faz malograr ideais de felicidade, acumpliciado ao egoísmo que devora as débeis florações da solidariedade e do amor. Comenta-se que o homem sucumbe inerme nas garras da opressão e, quando escapa, consome-se nas paixões dissolventes...

"Os quadros que se apresentam são, em verdade, deprimentes e apavoradores. Tudo, porém, porque a meridiana luz do Cristo parece submetida às densas nuvens dos interesses cavilosos, subservientes à indignidade e à violência.

---

[11] Nota do autor espiritual: MATEUS, 10:30.

"Que temos feito do valioso patrimônio da fé? Qual a nossa real posição perante a vida? Quais os esforços que envidamos para modificar a situação vigente?

"Quando convidados à tarefa inapreciável do bem e da concórdia, escusamo-nos sob a alegação sofista e cômoda de que nada ou quase nada representamos. No entanto, comprazemo-nos em engrossar as fileiras da ociosidade, senão do utilitarismo, da exploração, do servilismo...

"Todos somos responsáveis por tudo, possuindo valores expressivos que devemos investir no esforço representativo de modificar as atuais estruturas, apressando a técnica da vivência do Cristianismo, ainda intacta no evangelho, com que vitalizaremos as aspirações e esforços de enobrecimento para o mundo melhor de amanhã.

"Todo e qualquer contributo de sacrifício e abnegação, quota mínima de que possamos dispor, possui significação representativa. Nesse empreendimento ninguém se pode escusar de produzir e colaborar."

Novamente silenciou por breves segundos, logo prosseguindo, ante a expectativa e atenção de todos nós:

— Jesus, meus irmãos, não é o símbolo estático do homem vencido, porém uma representação dinâmica do herói vitorioso em todas as frentes de batalha. Segui-Lo é a honra que nos devemos disputar, entesourando na alma as suas fortunas e trasladando-O, pela nossa vivência atuante, do passado evangélico para este momento de transformações e violentos acontecimentos históricos...

"Parar na carreira desenfreada, a fim de meditar em torno dos objetivos elevados, é tarefa que ninguém consegue postergar, sem lhe sofrer os gravames. A onda volumosa das inquietações vai colhendo os desatentos e conduzindo-os, desastradamente, arrojando-os, por fim, destroçados, nas praias das frustrações e dos desencantos amargos...

"Estamos convidados a resistir, erguendo barreiras morais ante os descalabros do momento. Não nos é lícito ser coniventes com o que vai de encontro à nossa bendita convicção, somente porque está em moda aderir às vacuidades e incorporar as alucinações ao nosso modo de ser e de viver.

"O fracasso ético de uma Nação decorre do desajuste moral da sua família. Quando alguém cai, a humanidade tomba com ele, se se ergue, a sociedade se levanta nele... Por esta razão, o esforço pessoal é muito significativo, de valor inapreciável a benefício de todos.

"Seja a nossa uma pequena colaboração de silêncio no tumulto e teremos diminuída a algazarra geral. Qualquer doação que vise à ordem e ao progresso deve ser considerada como de urgência.

"O Espiritismo, facultando-nos o descortino da razão, graças aos postulados que nos conscientizam dos deveres perante a vida, possui uma dinâmica que nos induz ao avanço e nos conduz à vitória sobre nós mesmos.

"Aprendemos que estamos sitiados exteriormente por inimigos violentos, embora a Doutrina nos desperte para identificar em nós mesmos, no egoísmo, nas paixões criminosas os piores adversários, os que jazem e atuam do nosso íntimo para o mundo exterior. Mais difíceis de combatidos, são hábeis, mascarando-se, e, utopistas, ocultando-se em justificativas bem urdidas, sem embargo, falsas. De muita importância, portanto, este momento, todos os nossos momentos...

"Acima das conjunções de dor e treva Jesus vela, paciente, aguardando por nossa decisão e integração definitiva nos rumos da verdade. Cada um pode converter-se em ponte para facultar ao amor atingir os que tombaram na outra borda, e sofrem, ali, sem acesso aos cimos, por falta de uma ligação...

"Cada qual se converta em irmão do próximo mais próximo, pensando em alçá-lo da queda em que se demora e sustentá-lo nos primeiros novos passos. Dependerá do desejo salutar de nossa parte preservar e manter os estados vigentes de relaxamento moral e social, ou modificar as paisagens terrenas, iniciando a empresa em nós mesmos, desde agora...

"Estes dias resultam dos dias passados que se caracterizaram por uma sementeira infeliz. O futuro, no entanto, encontra-se aqui, a depender de nós todos e de cada um em particular. Não mais adiemos o instante da nossa libertação, nem nos consideremos incapazes de apressar a hora do progresso moral e da felicidade real na Terra."

À medida que falava, dávamos conta de que a sala modesta fora revestida de substância especial, que iridescia, estimulada pelas vibrações ambiente, surgindo, em luz, festões de rosas, graciosamente dispostos em forma de colunas florais, olorizando suavemente o recinto.

O benfeitor assumira uma radiosa beleza que se exteriorizava, como a impregnar-nos todos de desconhecida paz. Na pausa que se fez natural, fomos atraídos de volta ao círculo em que nos encontrávamos e percebemo-nos emocionados, após avançar pelas trilhas do futuro que nos cabia vencer, teledirigidos pelo verbo fluente, conselheiral, que se nos afigurava constituído por ideoplastias que se materializavam, mediante sutil complexo e mecanismo desconhecidos para o nosso entendimento.

Ao tempo em que o ouvíamos, retratava-se em nós o conteúdo da mensagem, tornando-nos, igualmente, partícipes das cenas que se desenrolavam diante dos nossos olhos. Nesse instante, o venerável Natércio deu curso à palestra:

— A nossa meta a atingir hoje diz respeito aos novos rumos que deveremos dar no caso que fala mais diretamente à família Ferguson.

Ao mesmo momento, deram entrada na sala em festa Lisandra, perfeitamente refeita, e Ermínio Lopez, ainda em processo de demorada convalescença, amparados por diligentes enfermeiros da *nossa esfera*.

A jovem aproximou-se dos familiares e abraçou-os, efusivamente, teleconduzida por D. Adelaide, enquanto o antigo adversário foi acomodado em local próprio, no círculo atencioso. As emoções do reencontro sensibilizaram-nos a todos. Trocaram-se palavras de doces esperanças e sinceras gratidões.

Adrede preparada para o momento e bem conduzida pela mente vigilante da avó, Lisandra expressava-se com facilidade, comunicando-se com natural desembaraço. A vitória sobre as lutas aspérrimas havia-a credenciado para aquela hora de paz e alegria.

Acomodando-se entre os pais e segurando, ternamente, a mão da genitora, por orientação de D. Adelaide, aquietou-se. Ato contínuo, o missionário desencarnado prosseguiu:

— Temos em Lisandra o exemplo que corresponde à "parábola do filho pródigo". Sofridas mil vicissitudes, resolveu-se pelo retorno ao lar, dispondo-se, honestamente, a reconhecer os erros originados da intemperança e a refazer as experiências inditosas sob o alto contributo de dor com que se pôde reabilitar.

Assim o fez, e os resultados tornaram-se-lhe abençoada messe de reconforto e felicidade. Entretanto, muito ainda deve ser feito. Cessada a dívida, surge a hora dos investimentos em relação ao futuro.

"Desafetos e vítimas rogam oportunidade de crescimento e redenção. O nosso Ermínio, quanto ela mesma, carece da bênção de um novo corpo, devendo, porém, seguir-lhe à frente, aguardando-a no lar, na mesma família, para que a fraternidade legítima lhes anule as últimas reminiscências do sexo em desvario e o amor real se lhes entronize nos corações.

"Seria esta a salutar oportunidade de reunir novamente Georges, Annette, Ermínio e Jules sob o mesmo teto, enquanto as mãos de Hermelinda e de D. Artêmis pudessem enflorescer-se no carinho aos sobrinhos-netos e aos netos, respectivamente, que lhes chegassem como coroamento da jornada de lutas ditosas. Todavia, sem qualquer imposição ou violência aos propósitos dos nossos Gilberto e Tamíris, uma trama edificante dos destinos abrir-lhes-ia novas perspectivas para a felicidade futura de todos. Necessário, senão indispensável, que os erros cometidos em existências pretéritas, por meio de outros corpos, sejam devidamente reparados."

Calou-se, novamente, um pouco. Os familiares tinham túmidos os corações pela emoção superior do momento. Epifânia, inspiradamente, acercou-se do casal, e, segurando as mãos de ambos os nubentes, interrogou:

— Então?! Serão os filhos dos seus corpos, porém pupilos dos nossos corações. Que dizem?

Tamíris, visivelmente emocionada, fixou o esposo constrangido, reticente...

— O que não farei por amor! — exclamou, tocada pelo sadio desejo de construir a família — Sempre anelei pela glória da maternidade e já pensava em me tornar mãe *da carne alheia*, caso não pudesse ser honrada em mim mesma. Penso que o lar somente se completa quando deixa de ser a casa dos cônjuges, para tornar-se o ninho abençoado da família. Não receemos, meu amor. O perdão que não enseja reabilitação é anestésico da consciência, e o espírita que mantém receios de qualquer natureza ainda não encontrou Jesus...

A voz clara timbrava a modulação evangélica da cristã decidida e fiel ao Senhor.

Ermínio e Lisandra fixaram os olhos ansiosos no futuro genitor, enquanto o silêncio aguardava. Gilberto ergueu-se, e, dirigindo a palavra ao mentor e o olhar aos candidatos à reencarnação, respondeu:

— Neste sagrado teto, onde vigem o amor e a caridade de Nosso Pai, não se pode refugiar a pusilanimidade nem a hipocrisia. Todos conhecem as minhas imperfeições. Por momento rápido me assaltaram receios e tristezas, decorrentes da inferioridade que me é peculiar. Encorajou-me à decisão a oportuna interferência da esposa querida, e, muito sensibilizado, rogo a vossa ajuda, amado benfeitor, suplicando ao Senhor de todos nós que nos conceda, a mim e à minha esposa, a subida honra, que reconhecemos não merecer, de podermos receber os irmãos Ermínio e Lisandra de volta ao corpo e à ternura do nosso coração...

Não pôde continuar, embargado pela emoção do momento e da responsabilidade que assumira.

— Louvado seja o Pai celestial! — concluiu o amoroso irmão Natércio.

O Sr. Rafael e D. Artêmis abraçaram o filho e a nora, o mesmo fazendo os familiares de Tamíris, parabenizando-os. Lisandra e Ermínio foram carinhosamente saudados pelos demais amigos presentes, enquanto os comentários entreteciam consoladoras considerações em torno do porvir.

Epifânia, adestrada em atividades que tais, dialogava com o instrutor espiritual, e a alegria geral era o selo da mansidão e da misericórdia do Cristo em todos os espíritos.

O irmão Natércio acercou-se dos futuros pais e esclareceu-lhes que, no transcurso daquela mesma semana, ele e nós iríamos em visita ao seu lar, a fim de darmos início ao processo reencarnatório de Ermínio, que seria seguido, posteriormente, por Lisandra...

O Sr. Rafael, com muito respeito e emotividade, perguntou ao mentor, atento:

— Os meus olhos carnais verão o neto e alcançarão a chegada da netinha?

— Como não! Está programado que as suas mãos doridas deverão unir as duas ternas mãos deles nos primeiros encontros da fraternidade e ajudá-los no amor a Nosso Pai.

Após a tormenta demorada chega a paz da bonança tranquilizadora.

— Eu poderia saber algo em torno de Jules Henri, a quem tanto prejudiquei? Como ser-lhe lhe útil, ajudá-lo?

— Já retornou à Terra e passará pela aduana da porta do seu coração, em momento próprio. A mais eficiente forma de auxiliá-lo é prosseguir ajudando, em cada irmão do caminho, a humanidade inteira.

Natércio aureolou a face com delicado sorriso. Chegava o momento da despedida, do encerramento da reunião.

O dirigente espiritual, ante o rumo que estava traçado para a família Ferguson, que emergia da expiação, das provações, das ásperas obsessões, a fim de caminhar na direção da felicidade, desejando encerrar o capítulo mais tormentoso das tramas dos seus destinos, pediu-nos expressar, por meio da oração, o júbilo de todos, naquele instante ditoso.

Sem qualquer delonga, recolhemo-nos com verdadeira unção e oramos:

Divino Benfeitor!
Amanhece em nossos caminhos. As sombras da noite moral insistente diluem-se ante a claridade que nos visita.
Em todos os trâmites de dor e inquietação foste a nossa segurança e o nosso apoio.
Sempre experimentamos a dita de fruir a tua presença.
No dia novo, segue conosco, Jesus, a fim de que não o nublemos com a treva teimosa que ainda perdura em nós, por culpa nossa.
Se não pudermos alcançar, por enquanto, os alcantis dourados, nos tentames da ascensão que nos destinas, faculta-nos embelezar as escarpas, a fim de melhorarmos a paisagem para os que vêm, corajosos, depois de nós...
Se não conseguirmos o êxito por nossa imprevidência, enseja-nos, ao menos, a sabedoria que impede o acumpliciamento com o crime.
Ensina-nos a valorizar o tempo, aplicando-o com elevação.
Não nos concedas a hora vazia, a fim de que a ociosidade não nos entorpeça o caráter.
Nós, que temos vivido em fugas incessantes, agora te suplicamos a coragem e o destemor para o avanço do espírito robustecido pela fé e dignificado pelo sacrossanto sentimento do amor.
Permite que façamos sempre segundo a tua e não a nossa vontade, por seres o Caminho, a Verdade e a Vida que todos anelamos.
Senhor! despede-nos em tua santa paz!

Lá fora a manhã clareava, em festa de luz e cor, a noite em retirada. Novos rumos nos convidavam a prosseguir com Jesus, aguardando o futuro...

O QUE É ESPIRITISMO?

O Espiritismo é um conjunto de princípios e leis revelados por Espíritos Superiores ao educador francês Allan Kardec, que compilou o material em cinco obras que ficariam conhecidas posteriormente como a Codificação: *O livro dos espíritos*, *O livro dos médiuns*, *O evangelho segundo o espiritismo*, *O céu e o inferno* e *A gênese*.

Como uma nova ciência, o Espiritismo veio apresentar à Humanidade, com provas indiscutíveis, a existência e a natureza do Mundo Espiritual, além de suas relações com o mundo físico. A partir dessas evidências, o Mundo Espiritual deixa de ser algo sobrenatural e passa a ser considerado como inesgotável força da Natureza, fonte viva de inúmeros fenômenos até hoje incompreendidos e, por esse motivo, são tidos como fantasiosos e extraordinários.

Jesus Cristo ressaltou a relação entre homem e Espírito por várias vezes durante sua jornada na Terra, e talvez alguns de seus ensinamentos pareçam incompreensíveis ou sejam erroneamente interpretados por não se perceber essa associação. O Espiritismo surge então como uma chave, que esclarece e explica as palavras do Mestre.

A Doutrina Espírita revela novos e profundos conceitos sobre Deus, o Universo, a Humanidade, os Espíritos e as leis que regem a vida. Ela merece ser estudada, analisada e praticada todos os dias de nossa existência, pois o seu valioso conteúdo servirá de grande impulso à nossa evolução.

O EVANGELHO NO LAR

Quando o ensinamento do Mestre vibra entre quatro paredes de um templo doméstico, os pequeninos sacrifícios tecem a felicidade comum.[1]

Quando entendemos a importância do estudo do Evangelho de Jesus, como diretriz ao aprimoramento moral, compreendemos que o primeiro local para esse estudo e vivência de seus ensinos é o próprio lar.

É no reduto doméstico, assim como fazia Jesus, no lar que o acolhia, a casa de Pedro, que as primeiras lições do Evangelho devem ser lidas, sentidas e vivenciadas.

O espírita compreende que sua missão no mundo principia no reduto doméstico, em sua casa, por meio do estudo do Evangelho de Jesus no Lar.

Então, como fazer?

Converse com todos que residem com você sobre a importância desse estudo, para que, em família, possam compreender melhor os ensinamentos cristãos, a partir de um momento de união fraterna, que se desenvolverá de maneira harmônica e respeitosa. Explique que as reflexões conjuntas acerca do Evangelho permitirão manter o ambiente da casa espiritualmente saneado, por meio de sentimentos e pensamentos elevados, favorecendo a presença e a influência de Mensageiros do Bem; explique, também, que esse momento facilitará, em sua residência, a recepção do amparo espiritual, já que auxilia na manutenção de elevado padrão vibratório no ambiente e em cada um que ali vive.

Convide sua família, quem mora com você, para participar. Se mora sozinho, defina para você esse momento precioso de estudo e reflexões. Lembre-se de que, espiritualmente, sempre estamos acompanhados.

Escolha, na semana, um dia e horário em que todos possam estar presentes.

O tempo médio para a realização do Evangelho no Lar costuma ser de trinta minutos.

---

[1] XAVIER, Francisco Cândido. *Luz no lar*. Por Espíritos diversos. 12. ed. 7. imp. Brasília: FEB, 2018. Cap. 1.

As crianças são bem-vindas e, se houver visitantes em casa, eles também podem ser convidados a participar. Se não forem espíritas, apenas explique a eles a finalidade e importância daquele momento.

O seguinte roteiro pode ser utilizado como sugestão:

1. Preparação: leitura de mensagem breve, sem comentários;
2. Início: prece simples e espontânea;
3. Leitura: *O evangelho segundo o espiritismo* (um ou dois itens, por estudo, desde o prefácio);
4. Comentários: breves, com a participação dos presentes, evidenciando o ensino moral aplicado às situações do dia a dia;
5. Vibrações: pela fraternidade, paz e pelo equilíbrio entre os povos; pelos governantes; pela vivência do Evangelho de Jesus em todos os lares; pelo próprio lar...
6. Pedidos: por amigos, parentes, pessoas que estão necessitando de ajuda...
7. Encerramento: prece simples, sincera, agradecendo a Deus, a Jesus, aos amigos espirituais.

As seguintes obras podem ser utilizadas nesse momento tão especial:

- *O evangelho segundo o espiritismo*, como obra básica;
- *Caminho, verdade e vida; Pão nosso; Vinha de luz; Fonte viva; Agenda cristã.*

Esse momento no lar não se trata de reunião mediúnica e, portanto, qualquer ideia advinda pela via da intuição deve permanecer como comentário geral, a ser dito de maneira simples, no momento oportuno.

No estudo do Evangelho de Jesus no Lar, a fé e a perseverança são diretrizes ao aprimoramento moral de todos os envolvidos.

O LIVRO ESPÍRITA

Cada livro edificante é porta libertadora.

O livro espírita, entretanto, emancipa a alma nos fundamentos da vida.

O livro científico livra da incultura; o livro espírita livra da crueldade, para que os louros intelectuais não se desregrem na delinquência.

O livro filosófico livra do preconceito; o livro espírita livra da divagação delirante, a fim de que a elucidação não se converta em palavras inúteis.

O livro piedoso livra do desespero; o livro espírita livra da superstição, para que a fé não se abastarde em fanatismo.

O livro jurídico livra da injustiça; o livro espírita livra da parcialidade, a fim de que o direito não se faça instrumento da opressão.

O livro técnico livra da insipiência; o livro espírita livra da vaidade, para que a especialização não seja manejada em prejuízo dos outros.

O livro de agricultura livra do primitivismo; o livro espírita livra da ambição desvairada, a fim de que o trabalho da gleba não se envileça.

O livro de regras sociais livra da rudeza de trato; o livro espírita livra da irresponsabilidade que, muitas vezes, transfigura o lar em atormentado reduto de sofrimento.

O livro de consolo livra da aflição; o livro espírita livra do êxtase inerte, para que o reconforto não se acomode em preguiça.

O livro de informações livra do atraso; o livro espírita livra do tempo perdido, a fim de que a hora vazia não nos arraste à queda em dívidas escabrosas.

Amparemos o livro respeitável, que é luz de hoje; no entanto, auxiliemos e divulguemos, quanto nos seja possível, o livro espírita, que é luz de hoje, amanhã e sempre.

O livro nobre livra da ignorância, mas o livro espírita livra da ignorância e livra do mal.

Emmanuel[1]

---

1 Página recebida pelo médium Francisco Cândido Xavier, em reunião pública da Comunhão Espírita Cristã, na noite de 25/2/1963, em Uberaba (MG), e transcrita em *Reformador*, abr. 1963, p. 9.

LITERATURA ESPÍRITA

Em qualquer parte do mundo, é comum encontrar pessoas que se interessem por assuntos como imortalidade, comunicação com Espíritos, vida após a morte e reencarnação. A crescente popularidade desses temas pode ser avaliada com o sucesso de vários filmes, seriados, novelas e peças teatrais que incluem em seus roteiros conceitos ligados à espiritualidade e à alma.

Cada vez mais, a imprensa evidencia a literatura espírita, cujas obras impressionam até mesmo grandes veículos de comunicação devido ao seu grande número de vendas. O principal motivo pela busca dos filmes e livros do gênero é simples: o Espiritismo consegue responder, de forma clara, perguntas que pairam sobre a Humanidade desde o princípio dos tempos. Quem somos nós? De onde viemos? Para onde vamos?

A literatura espírita apresenta argumentos fundamentados na razão, que acabam atraindo leitores de todas as idades. Os textos são trabalhados com afinco, apresentam boas histórias e informações coerentes, pois se baseiam em fatos reais.

Os ensinamentos espíritas trazem a mensagem consoladora de que existe vida após a morte, e essa é uma das melhores notícias que podemos receber quando temos entes queridos que já não habitam mais a Terra. As conquistas e os aprendizados adquiridos em vida sempre farão parte do nosso futuro e prosseguirão de forma ininterrupta por toda a jornada pessoal de cada um.

Divulgar o Espiritismo por meio da literatura é a principal missão da FEB, que, há mais de cem anos, seleciona conteúdos doutrinários de qualidade para espalhar a palavra e o ideal do Cristo por todo o mundo, rumo ao caminho da felicidade e plenitude.

FEB editora
Livro espírita para um novo mundo
www.febeditora.com.br
@febeditoraoficial
@febeditora

Conselho Editorial:
Carlos Roberto Campetti
Cirne Ferreira de Araújo
Evandro Noleto Bezerra
Geraldo Campetti Sobrinho – Coord. Editorial
Jorge Godinho Barreto Nery – Presidente
Maria de Lourdes Pereira de Oliveira
Miriam Lúcia Herrera Masotti Dusi

Produção Editorial:
Elizabete de Jesus Moreira

Revisão:
Elizabete de Jesus Moreira
Jorge Leite de Oliveira

Capa:
João Guilherme Andery Tayer

Projeto gráfico:
Ingrid Saori Furuta

Diagramação:
Rones José Silvano de Lima – instagram.com/bookebooks_designer

Normalização Técnica:
Biblioteca de Obras Raras e Documentos Patrimoniais do Livro

Esta edição foi impressa no sistema de Impressão pequenas tiragens, em formato fechado de 140x210 mm e com mancha de 94x152 mm. Os papéis utilizados foram o Off White 80 g/m² para o miolo e o Cartão 250 g/m² para a capa. O texto principal foi composto em fonte Adobe Garamond Pro 13/16,2 e os títulos em District 20/16,2. Impresso no Brasil. *Presita en Brazilo.*